VIOLACIÓN NUEVA YORK

Literaturas

VIOLACIÓN NUEVA YORK

Jana Leo

© Jana Leo de Blas, 2017
© Book Works, Londres, 2009
© Feminist Press, Nueva York, 2011
© Los libros del lince, S. L.
Gran Via de les Corts Catalanes, 657, entresuelo
08010 Barcelona
www.linceediciones.com

Este libro ha sido reescrito por su autora en español a partir de la traducción de la versión inglesa realizada por Ana Flecha Marco. Esta obra fue publicada originalmente en lengua inglesa por la editorial Book Works con el título *Rape New York. The Story of a Rape and an Examination of a Culture of Predation* y en Feminist Press con el título *Rape New York*.

Título original: *Rape New York*
ISBN: 978-84-15070-91-7
Depósito legal: B-12.597-2017
Primera edición: septiembre de 2017

Impresión: Novoprint
Maquetación: gama, sl
Imagen de cubierta: © Jana Leo de Blas

A Celina Alvarado

ÍNDICE

Prólogo   11

UNA VIOLACIÓN «NO VIOLENTA»   13

CÓMO UN DÍA IGUAL QUE OTRO CUALQUIERA
    SE CONVIRTIÓ EN UN INCIDENTE   31

ANTES Y DESPUÉS DE UNA VIOLACIÓN «NO VIOLENTA» . . .   35
Cómo me fui de Harlem   35
Cómo acabé en Harlem   39
Cómo dejé de sentirme como en casa   50
Cómo y por qué puse un pleito contra mi casero   56

EL PROCESO PENAL Y EL PLEITO CIVIL   69
Cómo pillaron al agresor   69
Domestofobia y Carcelandia   80
Cómo el agresor fue condenado por dos violaciones . .   94
El pleito civil por seguridad inadecuada   106

DERROTADA POR NUEVA YORK   117
Uno de los «diez peores caseros» de Nueva York,
    acusado de un delito estatal   117
Derrotada por Nueva York, o por qué vine a Nueva York.   122

Epílogo para la edición española (2017) 131
    Violación Nueva York, o cómo Nueva York viola
    (a través de la industria inmobiliaria,
    mediante la constante especulación
    sobre el suelo urbano) 134
    Indagación sobre lo que es violar: la violación y su
    relación con la casa. 143
    Diferencias legales y culturales entre lo que se
    considera violación en España y en Estados
    Unidos 152
    Nueva York = Lo nuevo de Nueva York,
    la renovación de Nueva York es la inmobiliaria. . 162
Agradecimientos. 169
*Notas de la autora sobre la traducción de algunos términos
    del inglés* 173

PRÓLOGO

Violación Nueva York describe la experiencia que viví de secuestro y violación en mi apartamento, y cuenta lo que pasó en mi vida durante los seis años siguientes. A través de mis reflexiones sobre lo ocurrido, *Violación Nueva York* examina el escenario de la cultura predatoria por excelencia: la ciudad de Nueva York.

Inmediatamente después de la violación, hice una foto de las arrugas que quedaron en las sábanas sobre las que me violaron. Recogí pruebas de la saliva del agresor: un vaso de plástico, colillas. Al día siguiente, frente el espejo del baño, y asustada por los cambios que vi en mi rostro, me tomé una fotografía que mostraba el estado de alienación que reflejaba mi cara tras la violación. Volví al edificio en el que me violaron y fotografié el posible recorrido del violador desde la azotea hasta mi cama. En los años siguientes, recopilé información sobre las investigaciones y archivé todos los documentos relacionados con la violación.

Durante las dos horas que estuve secuestrada, e incluso mientras me violaba, memoricé cada detalle de la fisionomía del violador. En las semanas posteriores, como temía que el violador pudiera volver, diseccioné esas dos horas minuto a minuto, analicé cada una de sus palabras, movimientos y cambios en su tono de voz para anticiparme a sus acciones, tanto para protegerme a mí misma como para facilitar su captura. A lo largo de los años, seguí analizando esas dos horas. Apliqué un método tomado de la criminología. Estudié cada gesto del comportamiento del violador según patrones psicológicos y traté de estudiar los incentivos y motivos que le condujeron a la violación. Analicé estadísticas y descubrí unas pautas fijas de actuación. Fue así como logré establecer la relación existente entre la geografía del delito y la violencia sexual: entre la discriminación racial, la exclusión económica y la violación; entre la especulación inmobiliaria y la violación. La violación ocurrió el 25 de enero de 2001 entre las 13.00 y las 15.00 h en el apartamento 29 del 408 de la calle 129 Oeste, en Harlem. Los procedimientos legales por esta causa finalizaron el año 2007. Tanto el agresor como el casero de mi piso fueron declarados culpables y encarcelados; el primero, por violación; el segundo, por fraude.

UNA VIOLACIÓN «NO VIOLENTA»

—¡Qué susto me has dado!

Lo dije sin gritar, como si me estuviera gastando una broma. Por un momento pensé que era el vecino de abajo, que a veces fumaba en el hueco de la escalera. Se parecía a él físicamente y aún no se me había acostumbrado la vista al pasar del sol radiante de la calle a la luz tenue del pasillo. No me podía creer que hubiera un hombre con una pistola junto a la puerta de mi piso. Mi primera reacción fue negarlo: no iba a pasar nada malo. La segunda fue enfrentarme a la realidad de la situación e intentar bregar con ella de la mejor manera posible.

—¿Tienes algo de dinero? —me preguntó.

—Sí, creo que tengo veinte dólares.

Entró en mi casa. Cuando le vi cruzar el umbral que separaba el descansillo de la escalera, entrar en el apartamento, y luego cerrar la puerta tras de sí, me di cuenta de que mi vida cotidiana se había terminado. Aquel no era un día como cualquier otro. Era el final, el último día de mi vida, o por lo menos el último día de mi vida tal como había sido hasta entonces.

—Entra —dijo.

Empujó la puerta y la cerró con llave.

Su presencia en mi piso me hacía sentir como si me desangrara, como si el espacio se estuviera quedando sin oxígeno.

Por un segundo, mientras lo veía caminar por el pasillo, sentí que me iba a caer, que la gravedad ya no podía sujetarme. El espacio se escapaba a mi control porque alguien más lo había alterado. Entrar en mi propio apartamento era entrar en otra esfera, en un mundo desconocido, regido por otras reglas, un mundo en el que me sentía totalmente extraña. Me sentía separada del mundo al que hasta entonces había pertenecido. Él era un desconocido y su presencia alteraba mi vida hasta tal punto que yo también me convertía en una desconocida, para mí misma y para los demás. En este nuevo mundo, era consciente de que en cualquier momento me podían arrebatar la vida, que había perdido el control.

Dejé la bolsa sobre una mesa del salón y busqué el monedero. Lo encontré y miré dentro.

—Tengo treinta y un dólares.

Le di treinta.

—¿Puedo quedarme uno? Es todo el dinero que tengo.

La petición, aunque quizás yo no fuera consciente en ese momento, además de indicar que no tenía nada más en casa, era un intento de mantener un mínimo control sobre mi dinero y, por ende, sobre la situación. Pedirle si podía quedarme un dólar fue el primer signo de negociación.

—Vale. Siéntate.

Me senté en el sillón rojo, que era mi sitio de descanso habitual cuando estaba en casa. Sentarme allí era un esfuerzo desesperado por simular que todo era normal. Él se sentó en diagonal a mí, en una cama que también se usaba como sofá. Agarraba la pistola con la mano que tenía apoyada en la pierna; ya no me apuntaba.

—¿Puedo coger un cigarro? —me preguntó.

—Sí, claro.

¿Por qué me pedía permiso para hacerlo si había entrado en mi casa sin preguntar? Era educado, como alguien que estuviera de visita por primera vez. Pero su corrección me confundía.

Tenía una pistola, pero me pedía permiso. ¿Estaba jugando? Y en ese caso, ¿a qué jugaba? Yo no entendía las reglas y esa desorientación me ponía nerviosa.

—¿Estás segura de que no tienes más dinero? —preguntó otra vez.

—Sí. Soy estudiante. Estudio arte en el centro y estamos a final de mes.

—¿Vives sola?

—No, vivo con mi novio.

—¿Cuándo vuelve?

—No lo sé. Nunca sé cuándo vuelve. Cada día llega a una hora distinta.

¿Por qué me preguntaba por mi novio? ¿Quería saber cuánto tiempo tenía para estar a solas conmigo? ¿Iba a esperar a que mi novio volviera a casa? Mi novio había regresado a España. No volvería hasta dentro de tres meses. Y mi nueva compañera de piso no regresaría hasta la noche, o incluso al día siguiente.

Tenía la boca seca. Necesitaba recobrar el aliento y, al mismo tiempo, probar mi libertad de movimiento, evaluar mi situación.

—¿Puedo beber agua? —pregunté.

—Sí.

Me levanté y fui a la cocina.

—¿Quieres tomar algo?

No daba crédito a las palabras que salían de mi boca. Me dirigía a él como si se tratara de un amigo que hubiera venido a verme. Eso es lo que quería hacerle creer, que era su amiga, porque él no mataría a un amigo. No mataría a una persona tan amable. No mataría a una mujer que le pregunta si quiere tomar algo. Entré en la cocina con la esperanza de que la ventana estuviera abierta. A veces, los chicos del edificio de enfrente fumaban en la escalera de incendios. Pero no había nadie. Era invierno.

Entró detrás de mí.

—Sí, un vaso de agua.

En la encimera todavía estaba el vaso grande del que había bebido por la mañana. Abrí el armario que estaba encima del lavavajillas y busqué otro vaso. ¿Cristal o plástico? Cogí uno de plástico. Pensaba, equivocadamente, que conservaría mejor los restos de saliva.

Volvimos al salón con el agua. Me senté y bebí despacio. Estuvimos sentados en silencio durante varios minutos.

El tiempo, sin palabras, era insoportable. Era una rehén en mi propia casa.

—¿Tienes teléfono? —preguntó.

—Sí.

El teléfono estaba al lado de la ventana, frente a él.

—¿Dónde?

—Allí —señalé.

—¿Tienes más dinero? —insistió.

—No.

¿Qué relación hay entre pedir el teléfono y pedir dinero? ¿Iba a llamar a alguien? Levantó el auricular para ver si había línea. Marcó algunos números. Me entró el pánico. Temí que fuera a invitar a sus amigos. Me destrozarían la casa y me robarían mis cosas (mi equipo de fotografía, el ordenador), y después me torturarían y me matarían.

Hizo varias llamadas, conté diez dígitos por cada una, pero no habló con nadie.

—¿Dónde está el baño?

Me levanté y caminé por el pasillo hasta el baño. Vino detrás de mí. Le abrí la puerta. Entró con la pistola en una mano y el teléfono en la otra y se quedó allí de pie. Quiere intimidad para hablar, pensé, sin saber cómo interpretarlo. La puerta del baño estaba frente a la puerta de entrada al apartamento. Yo quería que cerrara la puerta del baño para poder abrir la del piso, pero no lo hizo. Se quedó allí de pie, con el teléfono y la pistola, mirando hacia la entrada.

¿Qué hacía en el baño con el teléfono? No hablaba con nadie, pero se quedó allí, mirando el aparato. Crucé el salón y entré en el estudio. La ventana daba a una escalera de incendios, pero la reja estaba cerrada y no podía abrirla.

El portero del edificio nos había instalado esa reja cuando alquilamos el piso. Oí los pasos del hombre y dejé de intentar abrirla. De camino al salón, eché un vistazo al portátil, que estaba conectado. Me miró, como preguntando qué estaba haciendo. Al cruzar el salón para poner el teléfono inalámbrico en su base, pisó una colcha con sus botas.

—Lo siento.

Su disculpa aumentó mi ansiedad. Había entrado en mi piso a la fuerza, a punta de pistola, pero me pedía perdón por pisar una colcha. ¿Tendría un trastorno de la personalidad? La primera vez que alguien visita tu casa suele mostrarse excesivamente educado porque no se siente del todo cómodo y quiere dar la imagen de buena persona. ¿Por qué era tan educado? ¿Qué significaba que lo fuese?

¿Era la primera vez que hacía algo así? ¿Tenía su torpeza algo que ver con el hecho de llevar una pistola, un arma que puede usarse desde lejos, y que otorga una cierta distancia a la hora de percibir a la víctima como una persona real? ¿Estaba tratando de causar una buena impresión, como si estuviéramos en nuestra primera cita? ¿Intentaba desorientarme? Le seguí el juego porque quería sobrevivir. Yo era plenamente consciente de que se trataba de un juego, y era capaz de distinguir entre el juego y la realidad de la situación.

—Tranquilo, no pasa nada.

—¿Puedo coger otro cigarro? —pidió de nuevo. ¿Otra vez con las preguntas? No me había preguntado si podía entrar en mi piso. Me pedía permiso con una pistola en la mano. ¿Qué tipo de psicópata era? El arma no daba opción a decir que no.

Lo que ese hombre estaba insinuando era que yo no podía limitarme a seguir sus órdenes, y que además tenía que estar encantada de obedecerlas. ¿Era una forma de humillarme?

—Claro, cógelo —le contesté.

Mi respuesta, como su pregunta, creaba la sensación de que no ocurría nada fuera de lo normal. Yo también estaba jugando, con la esperanza de crear empatía y conseguir así que la violencia estuviera fuera de lugar. Apoyó el cigarrillo en el borde de la mesa que yo misma había diseñado para mi trabajo de fin de máster. Era de metal y tenía figuras magnéticas que se podían mover como los peones del ajedrez.

—No, ahí no. Toma, usa el cenicero. Eso es una obra mía y no quiero que se estropee.

—Vale —accedió.

Corregirle era una manera de mostrarle que no me encontraba en estado de pánico. Al hacer una pequeña corrección trataba de tantear los límites de mi influencia o poder sobre él.

—Lo siento —dijo.

—No pasa nada.

Volvió a sentarse y se quedó unos minutos en silencio.

Hay algo reconfortante en seguir una rutina. El orden y los planes crean una sensación de control sobre las propias acciones, como si en realidad controláramos nuestra propia vida. Cocinar las patatas y las zanahorias, coger el metro, ir a la biblioteca. Aquel día, mi rutina había quedado alterada. La mañana, que empezó a las 9.30 h con una cita médica, ir a por la receta y hacer la compra, había sido una pérdida de tiempo. Ya no me preocupaban ni mi estado de salud ni otros asuntos de la vida cotidiana, sino mi vida en general. Me veía obligada a enfrentarme a la posibilidad de que pudieran matarme.

—¿Seguro que no tienes más dinero? —volvió a preguntar.

—Sí, seguro. De verdad. Me dan mil dólares mensuales para todo. No es mucho, y estamos a final de mes.

La cámara de fotos estaba en el salón, a la vista, montada en el trípode. Era raro que no me pidiera la cámara, la tenía justo delante. Me extrañaba que no buscara algo más de valor por la casa. No tocó nada. Ni siquiera fue al estudio o a la habitación.

—¿Vas a la universidad? ¿Dónde?

—En el centro. Educational Alliance —le respondí.

Me vino el nombre a la cabeza porque estaba haciendo el proyecto para el concurso de renovación de la escuela.

—Tengo clase a las cinco. He de irme.

—Vale.

—¿A qué te dedicas? —le pregunté yo.

—Trabajo en un restaurante.

—¿Un restaurante? ¿Cuál?

—Adele.

—No lo conozco, pero no conozco muchos restaurantes, la verdad.

—¿No conoces el Adele, el de la calle 34?

—No —contesté.

Un chico normal, con un trabajo decente en un restaurante, había entrado en mi piso contra mi voluntad, empuñando una pistola. Mentía. Pero ¿por qué un restaurante? ¿No podía imaginarse a sí mismo haciendo otra cosa? ¿O acaso seguía las reglas de la primera cita y se imaginaba que a una estudiante le pega salir con alguien que trabaja en un restaurante? Pensé en preguntarle por qué me robaba dinero si trabajaba. Pero era mejor atenerse a las reglas del juego y evitar así que se revelara una realidad más cruda.

Pensé en la progresión matemática, una secuencia de tres números que llevan a un cuarto. Había cometido un primer delito al entrar en mi casa. Cometió otro al apuntarme con una pistola, y un tercero al robarme dinero. ¿Qué sería lo siguiente? Estaba de pie frente a mí, en el salón de mi casa, inundado de sol. Le miré a la cara. Podría identificarlo ante la policía. ¿Cómo iba a evitar que lo hiciera? ¿Matándome?

Mi cabeza daba vueltas a las estadísticas. Mi novio, A., para su clase de proyectos había estado investigando sobre cárceles y arquitectura. «Uno de cada diez hombres en Estados Unidos está en la cárcel o lo estará en un futuro. Uno de cada cuatro hombres negros está en la cárcel o lo estará en un futuro.» Me puse nerviosa. ¿Qué quería? ¿Le divertía jugar conmigo? Yo era plenamente consciente de que tenía todas las de perder, mientras que él tenía todas las de ganar.

—¿Podrías marcharte? Tengo que hacer unas cosas antes de ir a clase. ¿Podrías marcharte, por favor?

—No me voy a ir. Yo decido cuándo me voy. No me digas lo que tengo que hacer.

Sonaba enfadado y autoritario: la voz de un enemigo. Me estaba mostrando cuán limitado era mi poder. No se iba a marchar. ¿Por qué no? ¿Qué quería? Las preguntas que me hacía a mí misma estaban nubladas por el pánico: ¿qué hace aquí? ¿Por qué no se va? ¿Está esperando a que venga alguien? ¿Qué me va a hacer? ¿A qué está esperando? No está mirando mis cosas, me está mirando a mí. Está ahí sentado, al borde de la cama, mirándome. ¿Soy yo lo que quiere?

Fue en ese momento cuando me di cuenta de que lo que quería no tenía nada que ver con mis cosas, sino conmigo.

Sentí que un miedo atroz se apoderaba de todas las partes de mi cuerpo y me hacía perder el equilibrio. Era el miedo a la muerte, un miedo tan intenso que no me importaba cómo iba a morir ni lo que se esperaba de mí antes de la muerte. Un miedo puro y sin esperanza.

—¿Me vas a matar?

La pregunta me salió de dentro.

Yo había perdido el control de la situación. Las palabras salían de mi boca, pero me eran ajenas, como si las pronunciara otra persona. Mi miedo no era tanto un temor natural a la muerte, sino que venía de la absurda comprensión de que puedes ver tu vida amenazada o que tu vida puede incluso terminar, por mero entretenimiento de otra persona. Constaté el sinsentido de la existencia. No he podido recuperarme de ese momento y no creo que jamás pueda hacerlo.

—No, no te voy a matar —contestó.

—Vale.

Me relajé un poco, pero enseguida me invadió otro tipo de miedo, al imaginar la tortura física. Era una rehén en mi propia casa, en el lugar seguro, en el de la intimidad. Estaba atrapada y sabía que nadie iba a venir, que no podía hacer nada para escapar. Solo podía jugar a su juego, no para ganar, pero sí para perder menos.

Se puso de pie y fue hasta la puerta. Después se volvió a sentar.

—¿Vives sola?

—No, ya te lo he dicho. Vivo con mi novio.

—¿Cuándo volverá a casa? ¿Estás segura de que va a volver?

—No lo sé. Cada día llega a una hora distinta. Pero sí, volverá.

Mi novio no iba a volver a casa pronto. Sentía que el hombre de la pistola, de alguna manera, lo sabía. De lo contrario, ¿por qué me hacía tantas veces la misma pregunta? Tal vez hubiera visto a A. salir del edificio con las maletas. Quizá se hubiera dado cuenta de que en el piso solo había ropa de mujer y productos femeninos.

—¿Estás segura de que vives con alguien?

—Sí. ¿Y tú dónde vives?

—Justo enfrente.

Le imaginé observándome volver a casa sola durante los últimos diez días, desde que regresé de España. Puede que fuera uno de los hombres que solían estar de pie, en círculo, con billetes de dólar en la mano, en la esquina de la calle 129 con St. Nicholas Terrace; o uno de los hombres que suelen pasar horas al lado de la tienda de enfrente. Tal vez me había estado observando desde más cerca incluso. ¿Me habría estado observando desde dentro mismo del edificio? ¿Acaso era tan familiar su presencia en este que yo no había reparado en ella de manera consciente y por eso lo había confundido con un vecino de abajo? A menudo había oído ruidos en la azotea y se lo había comunicado al portero, pensando que había ratas. Más adelante, cuando le dije lo que había ocurrido y le describí a un negro joven y fornido, de entre aproximadamente 1,70 y 1,80 metros de estatura y de 80 a 90 kilos de peso, de unos veinte años, con rasgos marcados, pelo corto y aseado, ojos marrones y cara de niño, me dijo que había visto a un hombre que encajaba con esa descripción durmiendo en la azotea hacía un par de semanas.

—Voy a la cocina. ¿Puedo cocinar? —le pregunté.

—No, aún no.

—¿No? Se está haciendo tarde. Tengo que hacerme la comida y luego he de ir a clase.

—Aún no.

Aún. Lo había dicho dos veces. Quería decir que tenía que pasar algo antes de que pudiera recuperar mi vida cotidiana. Ese *aún* me decía que él estaba a punto de hacer algo.

—¿Qué quieres? ¿Por qué estás aquí?

—Túmbate.

Me hablaba sentado en la cama, mirándome, me decía que me tumbara. Ya está.

—¿Cómo que túmbate? —le dije.

Agarró la pistola y me apuntó con ella. Con un tono más violento lo volvió a decir.

—Que te tumbes.

No quería la cámara, ni la tele, ni el vídeo. Me quería a mí. No quería solo sexo, quería despojarme de mí misma, destruir cualquier rastro de confianza que yo tuviera en mi persona. La orden significaba que estaba a punto de violarme. Más tarde pensé lo que significa obligar a otra persona a tumbarse, no solo para forzarla a mantener relaciones sexuales contra su voluntad, sino también para ningunearla, hacerla de menos, arrebatarle su autoestima y humillarla.

Quería seguir con vida y sabía que tenía que controlarme. Sabía que ello implicaba hacerle sentir que estaba bien que me violara. Tenía que obligarme a mí misma a colaborar.

—¿Quieres sexo?

Estaba aterrorizada, pero en cierto modo sentía alivio; me aterraba la idea de ser coaccionada y obligada sexualmente pero me aliviaba saber qué quería de mí y pensar que tal vez no iba a matarme. Quizás después de violarme, se marcharía. No había pensado en una violación hasta entonces. Puede que fuera algo demasiado horrible para pensarlo. La pistola estaba tan presente que la muerte había sido mi única preocupación. Me había concentrado en mantenerme con vida. Estaba enamorada de mi novio y no prestaba atención sexual a otros hombres. No estaba acostumbrada a ver a los hombres como depredadores sexuales. Había tenido un accidente de moto y acababa de volver del médico. Llevaba algún tiempo sin pensar en mi cuerpo como algo sexual. El hombre que estaba en mi piso era más joven que yo y no estaba mal. Puede que no se me hubiera pasado por la cabeza la violación porque estaba en mi propia casa, en la habitación donde yo solía desconectar del mundo, sentada en mi sillón, y este hombre armado estaba sentado en la cama en la que mi novio y yo hacíamos el amor, sobre la colcha con la que durante cinco años habíamos cubierto nuestros cuerpos.

—Sí —me dijo.

—Oye, podemos hablar de estas cosas. No hace falta que me apuntes con una pistola. Haré lo que tú quieras, pero deja de apuntarme.

Me quedé en el sillón rojo, sin moverme.

—Acabo de venir del médico —le dije—. Estoy enferma. No creo que quieras acostarte conmigo.

—Sí que quiero.

—Vale, vale, lo haré. No te preocupes. No tienes que apuntarme con la pistola. De hecho no hace falta que tengas la pistola mientras lo hacemos.

Soltó la pistola.

—Déjame coger un condón. Los tengo aquí mismo.

Fui a la cajonera de plástico y cogí un preservativo. Lo miró como si no pensara tocarlo.

—Estoy enferma. Acabo de venir del médico. Te lo acabo de decir.

Me remangué el jersey y le enseñé el esparadrapo que tras el análisis de sangre llevaba en el brazo izquierdo. Tenía la esperanza de que asociara mi delgada complexión con la de una persona que tiene sida.

Me quité mis botas marrones y después, los pantalones. Miré hacia abajo. Había cogido el preservativo y se debía de haber quitado las dos camisetas en un solo movimiento, porque cuando volví a mirarlo tenía el pecho descubierto. La pistola estaba en la mesa, cerca de su mano derecha. Se quitó el gorro de lana gris. Debajo llevaba un pañuelo atado que le tapaba el pelo. Tenía que estar bastante seguro de que yo no estaba esperando a nadie. Si no, ¿por qué habría dejado a un lado la pistola? Sabía que aceptaría lo que le pidiera mientras no le impidiera hacer lo que realmente quería.

—Estás muy en forma. ¿Haces ejercicio? Yo no estoy nada en forma, me da vergüenza. ¿Seguro que quieres hacerlo?

—No estás nada mal. Desnúdate. Ahora.

Me quité el jersey, la camiseta y las medias. Me quedé en bragas y sujetador.

Era la segunda vez que me desnudaba ese día: primero para el médico, y ahora para un hombre armado con una pistola.

Se trata de pensar que no pasa nada, me dije a mí misma. Haz como si estuvieras en el médico y sigue las instrucciones. No pienses en lo que te está ocurriendo. Limítate a hacer lo que te pida y sé amable y coopera para que pase rápido, como cuando te quedas quieta para que te hagan una radiografía. Simplemente sigue las instrucciones y pónselo fácil.

—¿Está bien así? —le dije.

No quería estar desnuda delante de él y tenía la esperanza de que tenerme en ropa interior satisfaría su fantasía de la primera cita.

—No, quítatelo todo.

Todavía mirando al suelo me quité el sujetador y las bragas y me tumbé a lo ancho de la cama, en paralelo a la almohada y a él. Quería hacer que estuviera lo más incómodo posible. Se bajó los pantalones. Llevaba ropa interior a rayas azules, negras y blancas. Se puso el preservativo. No lo miré. Giré la cara a un lado. Abrí las piernas. Intentó meterme el pene, pero no era fácil. Yo estaba tensa, tenía la vagina seca y él un pene grande. No era capaz de penetrarme. Me hacía daño.

—¿Has tenido relaciones sexuales antes? —preguntó.

No era capaz de entender por qué mi vagina no estaba húmeda. No entendía que yo pudiera abrir las piernas pero no estar mojada porque no me apetecía tener relaciones sexuales. No quería decirse a sí mismo que yo seguía sus órdenes pero que mi cuerpo no me obedecía.

—Sí —contesté.

—Y entonces, ¿qué pasa?

—Bueno, ya sabes, es una situación rara.

—Me he puesto el condón, ¿no? Así que no hay problema.

No le expliqué que para que dos personas tengan relaciones hace falta algo más que un preservativo. El condón era un método de protección, pero no hacía que el sexo fuera consentido. Me estaba violando, aunque fuera «sin violencia». Había entrado en mi casa armado con una pistola y ahora estaba entrando en mi cuerpo. No era mi forma de hacer las cosas. Yo tomaba mis propias decisiones con respecto al sexo: elegía cuándo, cómo y con quién. Tenía derecho a negarme, sin discusión. Pero los principios se diluyen ante una amenaza de muerte. Si tenía que elegir entre «la honra» y la vida, lo tenía claro. Elegí asumir una pérdida para minimizar la *pérdida*. La muerte no tiene retorno. Mentalmente, lo comprendía, pero mi cuerpo se negaba a aceptarlo.

Agarrándome contra él por la cintura, se metió en la boca mi pezón derecho. Intenté relajarme para facilitar las cosas y que me doliera menos. Su pene no entraba, así que empujó más fuerte, ayudándose de la mano para penetrarme. Dolía. Nunca me había dolido tanto. Sentía que se me rasgaba la carne.

Mirando el techo, me fijaba en detalles absurdos. Me di cuenta de que la pintura no estaba totalmente lisa, sino que tenía una textura granulada que formaba un patrón vago. Me centré en las irregularidades del gotelé y en su patrón azaroso, un paisaje formado por puntitos de un blanco sucio que cubrían un blanco perfecto. Traté de imaginarme la superficie original que estaba debajo, oculta bajo el gotelé; estaba borrada, y cubierta con parches torpes y diminutos como de típex. Era muy triste ver esos puntos defectuosos con sus formas indefinidas: mi cuerpo debajo del cuerpo de un extraño aplastado por su fuerza. No debía llorar. No podía dejarme ir. Tenía que concentrar mis energías en mantenerme con vida.

—¿Puedo besarte? —me pidió.

Le miro fijamente. Está loco. Entra en mi casa con una pistola, entra en mi cuerpo sin permiso. Y ahora me pregunta si puede besarme. ¿Qué sentido tiene que me pida permiso para besarme cuando me está forzando? Actúa como si fuera la primera vez que se estuviera acostando con la chica. ¿Es esta la fantasía? ¿Imagina que es mi novio o que es nuestra primera cita y este es el primer beso? Puede que no me mate si soy la chica de sus fantasías sexuales: su novia o su primera cita. Lo más probable es que no me mate si en lugar de destruir la fantasía le ayudo a mantenerla viva. Debo permanecer pasiva, para no ser yo realmente, sino un producto de su imaginación.

Hasta ese momento llevaba los pantalones y los calzoncillos bajados hasta los tobillos. Se los quitó de una patada.

—Sí —respondí.

A veces «sí» quiere decir «no». Me obligué a permitirle que me besara. Me besó suavemente en los labios y yo me quedé tumbada, plana, inmóvil, como una muñeca. Parecía que no estaba lo bastante excitado, probablemente porque yo no me movía ni hacía nada.

—¿Te gusta? —preguntó.

—No está mal.

Si fingía que me gustaba, tal vez fuera más rápido. Pero también él podía pensar que no era lógico que me gustara porque me estaba violando y creer que si yo disfrutaba demasiado solo merecía que me matara. Puede que él no pensara así, pero ¿quién sabe? No, yo desde luego no lo sabía. Lo único de lo que estaba convencida era de que no debía arriesgarme. Intenté mostrarme lo más neutral posible y no forzar la situación, para evitar que se volviera aún peor de lo que ya era.

Me tocó el ano con los dedos y empezó a sacarme el pene de la vagina para metérmelo en el ano.

—No, no, por favor, estoy enferma. No, no, por favor, estoy enferma. No, no, por favor, me vas a hacer mucho daño.

Llevaba tres días con cólicos y dolor intestinal. Aunque ya me estaba violando, le supliqué que no lo hiciera en el culo. Sabía que había algo de espacio para la negociación. Me volvió a meter el pene en la vagina y acercó mi cuerpo hacia el suyo. Empezó a moverse más deprisa, y siguió haciéndolo durante un tiempo. No sé cuánto, puede que cinco minutos, puede que siete o puede que diez. Los últimos dos minutos aumentó progresivamente el ritmo hasta que paró. Supuse que había eyaculado. Se quedó un minuto quieto sobre mí y después se retiró.

—Me lo he pasado bien —dijo sonriendo con cara de felicidad.

Vi que tenía el condón en la mano. Le estaba haciendo un nudo.

Nos empezamos a vestir los dos. Yo me puse la ropa deprisa, empujada por el miedo a lo que podía ocurrir después.

—¿Siempre te acercas así a las mujeres? ¿Por qué las abordas así, con una pistola? Estoy segura de que muchas mujeres querrían conocerte sin necesidad de que las apuntaras con una pistola.

—No, no quieren. Soy muy tímido.

Tenía que intentar persuadirle de que se fuera enseguida y no regresara nunca. Tenía que hacerle pensar que no tenía nada en contra de él, pero que no podía volver a hacerlo.

—Tengo novio. Nos queremos. Nos queremos de verdad y nos hemos comprometido a no estar con nadie más. Estoy segura de que encontrarás a alguien, pero por favor no vuelvas. Si no, mi novio se dará cuenta y será terrible para todos.

Estaba intentando alimentar su fantasía; estábamos teniendo una aventura, pero teníamos que dejarlo. Estaba enamorada. Él lo había hecho todo bien.

Se había puesto la camiseta, los zapatos y los pantalones. Cogió la pistola de la mesa y se la metió en el bolsillo. Abrió la ventana para tirar el preservativo.

—No, alguien podría verlo. Dámelo.

Se lo quité de la mano y fui a la cocina a tirarlo a la basura. Quería conservarlo como prueba, una prueba de lo que había hecho. ¿Se daba cuenta de lo que acababa de hacer?

—Ahí lo va a encontrar tu novio.

—Claro, qué tonta. Tienes razón.

Lo sacó de la basura y lo tiró al váter.

—No, eso nunca funciona. Se quedará flotando.

Tiró de la cadena. Desapareció.

Regresó al salón y volvió a mirar en mi bolso, que había dejado encima de la mesa.

—¿Qué quieres? Ya te he dicho que no tengo más dinero.

Sacó el monedero del bolso y miró todo lo que había dentro. Mi tarjeta de crédito American Express, mi credencial de profesora de Cooper. Me alarmé. Descubriría que le había mentido, que no era estudiante. Pero no parecía importarle. ¿Era consciente de que igual que él estaba poniendo en práctica una fantasía, yo mentía para encajar en su personaje?

—¿Tienes carné de conducir?

—Sí, está ahí —contesté.

Sacó uno de los carnés de la cartera y se puso a leerlo: Centro recreativo. Se lo iba a quedar.

—Es el carné de la piscina, la que está aquí cerca. La piscina está genial.

—¿Dónde está? —preguntó.

—Al otro lado del parque, en la calle 135 —respondí.

—Aahhh... sí.

—¿Tú también vas a esa?

—Sí —contestó.

Cogió mi carné y se lo quedó.

—¿Qué haces? ¿Para qué quieres el carné? Primero me quitas el dinero y ahora el carné de la piscina para que ni siquiera pueda ir a nadar. ¿Para qué lo quieres?

—Por si fueras a la policía.

—¿Por qué iba a ir a la policía? Tienes una pistola, ¿no? Me matarás si voy a la policía.

—Te mataré.

Extendí la mano derecha hacia la suya.

—Hagamos un trato, yo no voy a la policía y tú no vuelves por aquí, ¿de acuerdo?

Me devolvió el carné y me estrechó la mano.

—No voy a ir a la policía. ¿Por qué habría de hacerlo? Está todo bien, pero no vuelvas, ¿vale? Me llamo Jana ¿y tú?

—Bennie. Me llamo Bennie.

Caminó delante de mí por el pasillo y le abrí la puerta. Se fue sin mirar atrás.

CÓMO UN DÍA IGUAL QUE OTRO CUALQUIERA SE CONVIRTIÓ EN UN INCIDENTE

Tras despertarme cansada durante varios días, decidí ir al médico. Mi novio, A., me recomendó uno al que había ido él. Me dolía todo el cuerpo, especialmente las manos y los pies. Tenía motivos para estar físicamente agotada. Había terminado la tesis ese verano y después había metido en cajas todo lo que habíamos acumulado durante nuestra estancia de tres años en Princeton. Un accidente de moto me había dejado una clavícula rota y abrasiones en el abdomen. Acababa de terminar la agotadora búsqueda de un piso asequible mientras cumplía con mi primer trimestre como profesora en Cooper Union y, entre medias, volé de Estados Unidos a España y de España a Estados Unidos para conseguir el visado. Encima, A., con quien había vivido durante varios años, tenía que volver a España, lo que quería decir que yo necesitaba encontrar a alguien para compartir piso durante unos meses para cubrir los gastos del alquiler. A pesar de todos estos contratiempos, ya había pasado lo peor. Estaba baldada, pero tenía ganas de empezar una nueva vida.

En la consulta del médico, cuando la enfermera me preguntó qué me pasaba, le dije que estaba completamente agotada. Me dijo que también ella se sentía débil. Se lo noté por su manera lenta y letárgica de moverse.

—¿Te has hecho un análisis de sangre? —le pregunté mientras llenaba unos viales con la mía.

—No —me respondió.

—Pues deberías —le dije. Sonrió.

Tuve que esperar bastante para ver al médico. Ya había estado en esta consulta con A. y también entonces nos había hecho esperar, por lo menos hora y media. Mi plan para ese día era hacer la compra, recoger un medicamento, comer, descansar y después trabajar. Me bajé en la calle 125. El viaje fue rápido: una parada hasta la calle 59, y después directa a la calle 125. Fui a la farmacia de esa calle y después al C-Town, el supermercado en la esquina de la calle 125 con Broadway. Compré una bolsa grande de naranjas, tres pomelos, zumo de naranja y papaya, una botella de leche, un bote grande de yogur, patatas, zanahorias y pan. Me costaba llevar las cuatro bolsas de plástico, dos en cada mano. Solo habían pasado seis meses del accidente de moto y tres desde que me habían quitado los clavos de la clavícula. Mientras llevaba la compra, iba haciendo los ejercicios que me había enseñado A. para liberar el estrés de la zona lumbar: coger aire, ensanchar el abdomen y el diafragma, soltar aire, llevar el abdomen contra la espalda y apretar los glúteos. Se le da bien dar consejos médicos, pero no ayudarme con las cajas, pensé.

Subí por Amsterdam Avenue. Pasé la peluquería, la licorería, la piscina —que estaba cerrada por ser invierno— y el estacionamiento de autobuses del otro lado de la calle. Estaba cansada y caminaba despacio, observando el barrio. Subí la cuesta de la calle 129 con su raro paisaje medio industrial, medio residencial, hacia Convent Avenue. Cerca de casa, crucé a la otra acera. Edificios buenos, pero mal mantenidos, pensé mientras entraba en el 408 de la calle 129 Oeste, donde vivía.

Subí los escalones de la entrada al portal y apoyé las bolsas en el suelo para sacar las llaves. La cerradura estaba rota y la puerta estaba abierta. Tendría que presentar otra queja. Estaba verdaderamente cansada de quejarme por escrito, pero el casero no respondía a las llamadas. Subí, contenta de estar casi en casa con comida sana para toda la semana. Sonreí a una vecina. Era una mujer de unos sesenta años que siempre iba arreglada. Me recordaba a L., una vecina de Madrid con la que me crucé por las escaleras durante diez años. L. había fallecido el verano pasado. Pensaba a menudo en ella y en todas esas mujeres que llevan falda y medias en invierno, incluso para bajar a comprar el pan. Demasiado frío para mí. Yo llevaba pantalones; mi jersey más grueso de cuello alto, el verde oscuro; el anorak naranja, el de plumas, y el gorro de montaña, como de cazador.

Abrí la puerta de mi apartamento con las bolsas de la compra colgando del brazo y las llevé a la cocina. Las dejé en el suelo y mientras volvía a la puerta iba desprendiéndome del bolso y del gorro. Dentro ahora hacía un calor asfixiante, en contraste con los meses que había estado el piso sin calefacción. Cuando fui a cerrar la puerta, había un hombre con una pistola en el umbral.

ANTES Y DESPUÉS DE UNA VIOLACIÓN «NO VIOLENTA»

CÓMO ME FUI DE HARLEM

Tan pronto como el violador me dio la espalda y salió de mi casa, cerré de un portazo, sin importarme adónde se dirigía. Fui al salón y cogí el teléfono. La luz roja estaba encendida pero no daba señal. Apreté todos los botones, miré dentro del teléfono, donde iban las pilas, y me di cuenta de que había un cable desconectado. Tenía un teléfono extra por si acaso había cortes eléctricos. Lo enchufé. Me senté en la silla gris de jardín que A. se había traído de Princeton. Marqué su número.

—Ha pasado algo. Siéntate.

Mi novio fue categórico e insistió en que tenía que ir a comisaría, pero estaba en España y a él no le habían apuntado con una pistola. Aun así, seguí su consejo. Llamé a la oficina del casero y le dije a M., su agente, que me habían agredido. Le pedí que arreglaran inmediatamente la cerradura de la entrada para que el violador no pudiera entrar tan fácilmente en caso de que regresara. Me dijo que se encargaría de que la arreglaran. Después busqué en la guía telefónica y llamé a la línea de denuncia de abusos sexuales. Me pasaron con la comisaría de policía del distrito veintiséis. Hablé con una mujer, la sargento G. Ella quería enviar un coche patrulla, pero le pedí que no lo hiciera. Me imaginé al violador observándome y pegándome un tiro al ver el coche de policía. Me daba miedo ir andando sola a la comisaría, pero me daba aún más miedo que el violador viera un coche de policía a la puerta de mi edificio.

La cámara seguía en el trípode, en medio del salón, y tenía el carrete puesto. Hice fotos de las huellas que el intruso había dejado en el apartamento: el cenicero con las dos colillas, el vaso de plástico blanco del que bebió agua, y la colcha blanca de la cama, cuyas arrugas revelaban la forma de los cuerpos. Después de ponerme guantes, metí el vaso y el cenicero en sendas bolsas de plástico. Fui andando a la comisaría que me correspondía, la veintiséis, que está en el 250 de la calle 135 Oeste, entre la Séptima y la Octava Avenida. Conocía la ubicación porque estaba de camino al polideportivo. En la puerta vacilé un momento, pero finalmente me dirigí al mostrador. Empezaba el proceso.

Después de contarle lo sucedido a un agente, varón, me condujeron a otra sala donde otro agente, también varón, me repitió las mismas preguntas. Otros dos me llevaron entonces al servicio de urgencias del Hospital de St. Luke, y por el camino una mujer agente, desde el asiento del copiloto, volvió a interrogarme mientras rellenaba un formulario. Después de más de una hora en la sala de espera en St. Luke, me llevaron a una habitación donde por fin me examinaron. Me desnudé por tercera vez en el mismo día. Se llevaron el jersey, los vaqueros, las bragas, el sujetador y los calcetines y me dejaron solo las botas y el abrigo, que me puse encima de una bata de hospital que me había dado una enfermera.

Antes, cuando estaba en la sala esperando a que me examinaran, un hombre no uniformado se presentó diciendo que era el inspector M., de la Unidad de Víctimas Especiales de Manhattan. Me interrogó de nuevo y me pidió que le dijera a mi compañera de piso que no volviera al apartamento. Dijo que tenía que recoger pruebas y fotografiar la escena del crimen antes de que entrara nadie. No me hacía gracia la idea de que más desconocidos entraran en mi casa, pero le di las llaves. Le pedí que me trajera algo de ropa cuando volviera. Los médicos me hicieron una serie de reconocimientos y tomaron muestras de mi cuerpo. Me hicieron fotos de la vagina y, abriéndome con un aparato, del útero.

Un par de horas más tarde, D., el hermano de mi novio, apareció por la puerta.

—¿Cómo te has enterado? —dije.

—Llamé a mi hermano para decirle que me habían despedido. Me contó lo que te había pasado y me pidió que fuera a la casa porque estaba preocupado. No había nadie. Vi el coche de la policía y les pregunté si estaban allí por algo especial y les dije tu nombre. Me dijeron que estabas aquí.

Se echó a llorar.

—¿Por qué lloras? —pregunté.

—Me han despedido.

Cuando salí del hospital era de noche. Los agentes de policía nos llevaron a D. y a mí al apartamento en coche. Me apeé delante del edificio, sin llevar puesto más que las botas, unos pantalones y la bata de hospital debajo del abrigo. Me intimidaba estar en casa. Les pedí a los policías que revisaran la azotea. Lo hicieron a regañadientes y me aseguraron que no había nadie. El apartamento estaba cubierto de ese polvo gris que ponen para detectar las huellas dactilares. Esa misma noche, los agentes me llevaron a la sede del archivo policial de Amsterdam Avenue y estuve mirando fotos de delincuentes por si aparecía entre ellas la cara del agresor. Los días siguientes pasé más tiempo viendo fotos. También fui a la comisaría de la calle 125, donde había una gran sala sin tabiques con muchas mesas de oficina vacías, frente a dos celdas de detención;

allí me tuvieron viendo vídeos de cámaras de seguridad. Con la excepción de un agente que permanecía sentado al otro lado de la sala, estaba sola. Los vídeos mostraban a hombres deambulando por diversos ascensores, con la cara oculta en el punto ciego de la cámara. Uno de los vídeos había capturado lo que parecía un hombre violando a una mujer. No vi a mi agresor y fui incapaz de volver a esa comisaría a seguir viendo vídeos. De vuelta al apartamento, me encontré con que todavía no habían arreglado la cerradura de la calle y que la puerta de la azotea estaba abierta de par en par. Me aterrorizaba volver a ver a mi agresor.

El domingo de la Super Bowl, tres días después de la agresión, un buen amigo y compañero de Princeton, P., vino a verme. Cuando le conté con detalle lo ocurrido, me rogó que me fuera de allí inmediatamente. También había hablado con C., una amiga española que vivía en Nueva York, y ella me llamó esa misma mañana.

—Va a ponerse eufórico viendo la Super Bowl. Tienes que mudarte el domingo, antes de que acabe el partido. Si te quedas un día más, puede que sea demasiado tarde.

—Estás delirando —contesté yo.

C. me dijo que hiciera las maletas. Vino con su marido y un amigo de él mientras se retransmitía el partido. Llamamos a un taxi. Mi novio lo organizó todo para que me mudara provisionalmente y sin casi equipaje al apartamento de su hermano en el Upper West Side.

Me quedé allí dos meses y después me mudé a casa de mi amiga L., donde pasé dos meses más. Durante este tiempo conservé el piso de Harlem, porque no quería renunciar a mi pasado.

Mi primera noche en Princeton la pasé llorando. La atmósfera húmeda se asemejaba a una selva tropical suburbana, demasiado verde y limpia para mí. Había llegado una noche de finales de agosto de 1997 con mi novio A. y una maleta amarilla para vivir un sueño. Más que el mío, era el suyo. Durante mis tres largos años en Princeton aprendí a conducir e incluso a disfrutar del verdor del césped americano, pero la vida en una zona residencial no era para mí. En el primer año, escribí un ensayo: «*Domestofobia*. Un acercamiento a la deconstrucción del concepto de lo doméstico como espacio placentero en los Estados Unidos en la década de los setenta». Acabé el programa en mayo del año 2000. Lo que había aprendido de arquitectura era que los edificios son tableros y las personas son fichas que se mueven entre ellos de un lado a otro. Para mi trabajo de fin de máster convertí la planta y el alzado de un edificio en un tablero de juegos de mesa. Los jugadores movían unas figuras magnéticas como si fueran personas habitando el edificio. El tablero me lo llevé a casa y lo puse encima de una mesita auxiliar.

Antes de irme de Princeton, guardé temporalmente mi mesita y otras cosas en casa de P., y estacioné el Mercedes 240, de 1972, en el aparcamiento situado enfrente de mi antigua casa, en la residencia de estudiantes Butler, y me fui a Nueva York. Disponía de unos cuantos días para buscar piso y trabajo antes de irme a España de vacaciones. B., una compañera de clase, me llevó a Williamsburg, el barrio *trendy* de Brooklyn. Solo me llamaba la atención el edificio de la fábrica de azúcar de la marca Domino. Otro compañero me aconsejó que buscara en el barrio situado al norte de la universidad de Columbia. Me dijo que empezara por los anuncios de las paradas de autobús. En la calle 116 no había ninguno. Cogí la línea 1 hasta la calle 145 con Broadway. Cerca de la calle 143 vi en una barbería una nota en español: «Se rentan cuartos». Hablé con la encargada para ver si sabía de algún piso de alquiler en la zona. Me contestó «vete a ver a Wilfredo», y me apuntó una dirección en un trozo de papel.

Fui andando al edificio, al sur de Broadway y a la izquierda de la calle 129. Cuando llamé al timbre no contestó nadie. Me senté en las escaleras de la entrada a descansar y esperé. Era mediodía y no había nadie caminando por allí. Algunos vecinos habían sacado sillas y estaban sentados como si la acera fuese una extensión de la sala de estar.

Un hombre con una camiseta sin mangas se acercó a las escaleras. Le pregunté si conocía al portero. Me dijo que era él. Tenía una cara amable. Le pregunté si había pisos disponibles. Me dijo que iba de camino a un apartamento libre que estaban rehabilitando, pero que todavía no se podía alquilar. Le pedí que me lo enseñara. No me contestó, pero me permitió entrar en el edificio. Por las escaleras nos cruzamos con una pareja mayor, y me pareció que serían buenos vecinos.

El portero me enseñó el piso, que solo tenía un dormitorio. La cocina estaba en la entrada y el salón tenía orientación sur, en dirección al Empire State. El piso estaba hecho un asco. Había grafitis en las paredes, una costra de porquería en el suelo y un sofá patas arriba con la tapicería rasgada. En las paredes, agujeros redondos que parecían de bala. Me costaba dar crédito a mis ojos. Parecía el plató de una serie de policías. El portero me dijo que iban a rehabilitar varios apartamentos de cara al otoño, en este edificio o en el de al lado. Me apunté el número.

Preparada para mis primeras vacaciones en tres años, me fui a España para reencontrarme con A. Unos días antes de salir de viaje a las islas griegas, tuve un accidente de moto. Tenía la piel del abdomen con abrasiones graves y una clavícula rota.

Me pasé la mayor parte de julio en una habitación mirando al techo en el piso de A., en Madrid. Cuando se me curaron las quemaduras y se me soldaron los huesos, ya se había acabado el verano. Después de que me quitaran los clavos del hombro, volví a Nueva York. Era la última semana de agosto. A. había ido antes para buscar un sitio al que mudarnos.

Cuando llegué a Nueva York, A. seguía buscando piso. Mientras tanto, vivía con su hermano, y yo me quedé con ellos. Por las mañanas buscábamos un lugar para vivir, y por las tardes dábamos clases de arquitectura. Los ejercicios de rehabilitación del hombro izquierdo ocupaban el final de mi jornada.

—Venga, tú puedes. Un poco más.

Me tumbaba en el suelo y A. me rotaba el brazo cada día un poco más. Solo paraba cuando se me saltaban las lágrimas de dolor.

A. había hablado con el portero de la calle 129, había ido a ver el piso y le había gustado la zona, especialmente su aspecto industrial, acentuado por el tren elevado de la calle 125. El barrio tenía una mezcla, aparentemente bien integrada, de población hispana y afroamericana en la que A. pasaba desapercibido. El piso no era muy caro y estaba cerca de la Avery Library, la biblioteca de arquitectura en la que se puede consultar el archivo de Mies van der Rohe de la Universidad de Columbia.

Como teníamos un presupuesto reducido, también miramos pisos en Greenpoint, un barrio polaco al que recientemente había llegado la población de jóvenes estudiantes y profesionales que se veía desplazada hacia el interior de Brooklyn por los alquileres elevados de los barrios cercanos a los puentes y a Manhattan. Williamsburg, y más tarde Greenpoint, eran las zonas preferidas de los españoles que vivían en Nueva York. Los edificios imitaban a los de las zonas suburbanas estadounidenses, pero también rezumaban la nostalgia de otro lugar: una Europa que ya no existe. Harlem, por otra parte, tenía un aire más neoyorkino. Los edificios eran, sin duda, los de una metrópolis, estaban bien construidos, y mostraban huellas de las distintas generaciones, nacionalidades y etnias. Los afroamericanos, desplazados de Greenwich Village, habían llegado a Harlem sustituyendo a los anteriores habitantes del barrio, primero los holandeses y luego las comunidades judías. Durante la mayor parte del siglo XX, Harlem había alojado a la cultura negra. Muy afectado por la depresión, el desempleo y la delincuencia, el declive económico de Harlem se reflejaba en los muchos edificios abandonados y las muchas caras cansadas, pero el barrio también mostraba señales de su vibrante potencial. A diferencia de Greenpoint, que parecía un campo de trabajo para inmigrantes, Harlem aún revelaba su capacidad de producir cultura.

Aunque le gustaban la zona y el piso de la calle 129, a A. le preocupaba mudarse a Harlem. El nombre de Harlem le sonaba a segregación racial y económica, y a violencia. No sabíamos si los caminos que conducían a la delincuencia y a la cárcel (familias desestructuradas, bajo nivel educativo, desempleo y tráfico de drogas), mitos asociados con los estadounidenses negros, tenían una base real. Tampoco sabíamos si el mito del sueño americano estaba, de alguna forma, en contradicción con este estereotipo. Además, a A. le preocupaba mi seguridad.

—Con esos rizos rubios que tienes, vas a volver locos a todos los negrillos.

Me dio la impresión de que tenía miedo, y como yo no lo tenía, le quité de la cabeza los prejuicios que le impedían mudarse a Harlem.

—Tengo el pelo crespo, casi afro. Soy una negra blanca. Se darán cuenta.

Pagamos la fianza de uno de los pisos que estaban rehabilitando. A. alquiló *Robocop*. En la película, unos promotores inmobiliarios compinchados con el gobierno reconducen la delincuencia al centro de Chicago, lo que hace que la zona se vuelva inhabitable. Cuando se desalojan los edificios, los compran y, vaciándolos, burlan las normativas que regulan el uso de viviendas.

Robocop era una versión ficticia de lo que estaba sucediendo en Harlem. Los edificios vacíos estaban siendo demolidos, convirtiéndose así en solares libres en los que más adelante se construirían bloques de pisos de lujo. Me preocupaba que se nos viera como los culpables de la gentrificación de la zona, como los nuevos residentes que estaban desplazando a la comunidad negra. A. y yo llamábamos la atención porque éramos blancos. Pero no llevábamos un todoterreno, como los tipos de Nueva Jersey que ahora, siete años después, aparcan en la calle 125 con Amsterdam, frente a los carteles de: «Se venden apartamentos». Éramos privilegiados, pero pobres. Y nos preocupaba no ser bien vistos en Harlem.

Llevar la delincuencia a la zona forma parte de una cruda estrategia que permite hacer grandes negocios de especulación inmobiliaria. La táctica más sofisticada y perversa consiste en suprimir la delincuencia callejera y, al mismo tiempo, potenciarla dentro de los edificios concretos con los que se quiere especular. Al limitar la delincuencia a unos edificios en particular, su valor cae en picado y así los constructores pueden comprarlos a un precio muy bajo. No solo se facilita el negocio de las promotoras, que pueden comprar los pisos y edificios muy baratos, sino que además se beneficia a los propietarios que alquilan pisos muy deteriorados para pobres. La falta de seguridad en las zonas comunes de esos edificios tan descuidados favorece la delincuencia y fomenta un incesante movimiento de inquilinos. Unos se van y otros llegan, constantemente. Los agentes que gestionan los alquileres se quedan con la fianza del vecino anterior, suben el precio cada vez que un inquilino se va —el aumento de la renta solo se permite cuando entra un nuevo vecino— y cobran la comisión de la agencia, un mes de renta, y así obtienen un beneficio inmediato con cada cambio de inquilino. Si un tercio de los inquilinos de un edificio de treinta apartamentos se muda cada año, los ingresos se multiplican, lo que supone unos cien mil dólares extra de beneficio. Con el tiempo, el edificio se queda totalmente vacío y ya no está sujeto a las leyes de estabilización del alquiler. Entonces se demuele o se rehabilita y se hacen apartamentos de lujo. Cuando me fui a vivir a Harlem, yo no era consciente de cómo funcionaba al detalle la mecánica de estas operaciones, ni qué relación tendría con nuestro piso ni cómo afectaría a nuestras vidas.

Nos mudamos en octubre del año 2000. Nos pasamos el otoño organizando el piso como casa y como oficina. A. montó mesas y estanterías, puso luces y colgó fotos. A menudo me fallaban las fuerzas cuando movíamos los muebles, porque todavía no estaba totalmente recuperada del accidente de moto. Yo me encargué de pintar y de ordenar los armarios. Aún hacía calor y A. empezó a ir a la cancha de baloncesto a jugar con los chavales en el parque de la esquina de la calle 129 con Nicholas Terrace. Fuera de la cancha, un grupo de hombres se pasaban horas sentados en un banco. La gente se les acercaba, intercambiaban algo y se marchaba. Yo solía pasear hasta el final del parque y después bajaba a buscar a mi novio. A veces me quedaba a ver el partido. Compaginábamos esta vida de barrio con la investigación en Avery Library y con la media jornada en la que nos ganábamos la vida dando clases. Yo enseñaba arquitectura en Cooper Union, como asistente de Peter Eisenman, uno de mis profesores de Princeton. A. trabajaba como profesor visitante en Pratt, impartiendo un taller de arquitectura que llevaba el título de *PrisonLand* (Carcelandia). El punto de partida de su taller eran unos informes recientes de la Oficina de Estadísticas Judiciales del Departamento de Justicia de Estados Unidos y el alarmante porcentaje de estadounidenses que en algún momento estaría en la cárcel.

Un mapa, elaborado por el Laboratorio de Diseño de Información del Espacio de la Universidad de Columbia y el Justice Mapping Center, muestra que la población carcelaria de Nueva York procede en gran medida de barrios como Brownsville y Harlem. El mapa correlaciona el coste anual del mantenimiento de la población de presos con la procedencia de esos presos antes de ingresar en prisión, y evalúa cuánto le cuesta al gobierno esa zona determinada. El estudio demuestra que un número desproporcionado de presos procede de un número muy escaso de barrios, y concretamente de bloques específicos en esos distritos. El elevado coste de mantenimiento de la población carcelaria ha hecho que estos edificios se conozcan como Million Dollar Blocks.

Los parámetros utilizados, y el enfoque específico del estudio, muestran la concentración de la criminalidad en bloques específicos de barrios concretos. Pero el foco restringido utilizado en ese estudio, centrado en la relación de costes entre la población carcelaria y su residencia original de forma aislada, no consigue abordar las implicaciones más generales del problema. No se establece un vínculo entre los barrios y los edificios que, de manera desproporcionada, proveen la población carcelaria, y la ubicación de la reciente explosión de la especulación inmobiliaria. Si bien el estudio saca conclusiones sobre los costes relativos, no alcanza a realizar un análisis de las causas, y ni siquiera contempla cómo la concentración de la delincuencia en ciertos bloques de edificios afecta a la rentabilidad cuando dichos bloques son el blanco de las operaciones especulativas. El estudio tampoco cuestiona lo que significa el concepto del Million Dollar Block para las personas: asume que es el gobierno de Estados Unidos quien se hace cargo del coste del encarcelamiento y de la delincuencia, y no analiza el coste que suponen estos procesos especulativos para las víctimas de dicha delincuencia y las implicaciones económicas que tienen para los residentes no encarcelados de la zona.

Si aplicamos la analogía de *Robocop* al fenómeno del Million Dollar Block, se despliega una operación tan compleja como la trama de una película. Los Million Dollar Blocks se convierten en una fuente de ingresos en un mundo que sigue el principio de corrupción de *Robocop*: llevar la delincuencia a una zona para devaluar el precio de la vivienda, comprar terrenos cuando bajan los precios para, a continuación, promover el desarrollo y adecentamiento del barrio. Los contribuyentes corren con los gastos derivados de la delincuencia, mientras que el beneficio que genera la especulación inmobiliaria se queda en manos de agentes, caseros y promotores corruptos y el beneficio de los impuestos va a parar al gobierno local y estatal. En un mundo *Robocop*, el coste (que pagan los contribuyentes a través de los impuestos) que suponen los bloques de pisos en los que hay altos niveles de criminalidad, genera una ganancia para los especuladores y para el gobierno muy superior al millón de dólares que cuesta. Los Million Dollar Blocks son una fuente de ingresos para la industria carcelaria, para sus trabajadores y para las subcontratas. Además, el dinero que se gasta en la supuesta prevención de la delincuencia, acaba siendo una inversión inicial para obtener rendimiento de la especulación. Cuando las zonas pobres se conviertan en zonas exclusivas, aumentará la recaudación de impuestos. Cada Million Dollar Block es un lingote de oro, puro lucro.

A. y yo compartíamos nuestro trabajo de investigación y lo comparábamos con la realidad que nos rodeaba. La arquitectura señorial de Harlem estaba en conflicto con lo que sucedía en el interior de los edificios. Estos no eran más que cáscaras, fortalezas. Nuestro edificio no ofrecía servicios básicos, como agua caliente o un suministro continuo de electricidad. El mantenimiento era pésimo, y las medidas de seguridad, escasas.

—Si no os gusta, podéis marcharos.

Así respondía el casero a nuestras quejas. No sabíamos qué hacer, pero mudarnos no era una opción realista. Habíamos pagado tres meses por adelantado al firmar el contrato, habíamos dedicado mucho esfuerzo en hacer de aquel apartamento un hogar, y ahora no teníamos dinero para pagar la fianza de un piso mejor. En ese momento, desconocíamos nuestros derechos como arrendatarios, no sabíamos que existía una agencia pública, la Dirección de Conservación y Desarrollo de la Vivienda de la ciudad de Nueva York, que imponía unas condiciones mínimas de habitabilidad. Éramos conscientes de la falta de seguridad, pero esperábamos que no nos afectara, ya que pensábamos que los delincuentes elegirían otros lugares más ricos.

A. pasaba gran parte de su tiempo en el archivo de Mies van der Rohe buscando la columna que se había eliminado de los dibujos del arquitecto de su *Casa para soltero*. Yo investigaba sobre juegos, espacio urbano y arquitectura en la Avery Library de Columbia. Consciente de que mi experiencia cotidiana de la ciudad era un cruce continuo de límites, desarrollé una narrativa del espacio urbano como tablero de juegos: (uno) pasa frente a la gente sentada en fila en los escalones de la Low Memorial Library que da a la plaza central; (dos) sal por la entrada a la Universidad de Columbia en Broadway; (tres) baja la cuesta; (cuatro) pasa frente a los edificios perfectamente alineados con el bordillo; (cinco) siente un ligero desconcierto cuando los edificios de vivienda social se retranquean del bordillo y no miran a la calzada; (seis) observa cómo emerge el tren elevado de debajo de la tierra en la calle 121, que marca el límite de la estación 125; (siete) cruza la calle; (ocho) toma el callejón que pasa delante de la comisaría, el aparcamiento y la iglesia; (nueve) siente el olor de los pollos vivos del matadero y del humo de los tubos de escape de la estación de autobuses; (diez) sube la cuesta hacia St. Nicholas Terrace; (once) crúzate con gente que está de pie en las esquinas, como si fuesen señales de tráfico; (doce) mira a la gente que se agolpa en los bancos de enfrente de la cancha de baloncesto.

A diferencia de la mayoría de los académicos, hice de mi vida y su entorno mi materia de estudio. No me contentaba con mimetizarme en la burbuja académica de la Universidad de Columbia. A. y yo solíamos reírnos del contraste entre la universidad y Harlem, tan cerca y tan lejos al mismo tiempo. Como veníamos de otra burbuja, la escuela de arquitectura de Princeton, sabíamos que no pertenecíamos a ninguno de esos mundos. Al vivir en Harlem, cruzábamos a diario fronteras invisibles.

Tomamos nuestra experiencia personal sobre las condiciones de la vivienda en Harlem y la vida en el barrio, y extrapolamos teorías acerca de la situación inmobiliaria, la delincuencia y la misión que debían tener los arquitectos en la ciudad.

Hablábamos de los arquitectos que hacen proselitismo con los beneficios derivados de nuevos edificios, y de los promotores que se lucran de la decadencia y regeneración de ciertos barrios. Comparábamos al arquitecto con la figura conflictiva del policía bueno que lucha contra el crimen en *Robocop*. A. decía que, desde Le Corbusier, los arquitectos se habían convertido en una figura heroica; los arquitectos eran los encargados de mantener el orden en la sociedad. Yo sentía que arquitectos y promotores disfrutaban de una relación simbiótica y corrupta. En lugar de comprometerse firmemente a cambiar las condiciones de la vivienda, los arquitectos se confabulaban con la explotación que llevaban a cabo los promotores, sin tener en cuenta las necesidades humanas básicas. Algunos días, los problemas con el agua caliente y de seguridad nos superaban y nos íbamos a dormir muy temprano, sin ganas de hablar de nada.

A finales de noviembre, A. se enteró de su última oportunidad de terminar un crédito para hacer el doctorado, y empezó a pensar en irse a España durante un semestre. Llevábamos muchos años viviendo juntos y me entristecía la idea de no tenerlo cerca. Además de no poder contar con su amor, apoyo y amistad, su ausencia significaba que tendría que buscar a alguien para compartir el piso, porque no podía pagarlo yo sola. Pospuso la fecha todo lo que pudo y finalmente se fue la Nochevieja del año 2000.

Las conversaciones que tenía con A., sobre arquitectura, cárceles y desarrollo inmobiliario, terminaron cuando se fue. Pero las cuestiones relativas a ciertos delitos específicos y su implicación en las operaciones especulativas, que habíamos planteado juntos, resurgieron a raíz de la agresión. La falta de seguridad de nuestro edificio revelaba otro juego siniestro que no había tenido en cuenta en mi investigación sobre fronteras y límites. Descubrí que la razón por la que la gente pasaba de un edificio a otro libremente era para moverse sin ser vista. Los edificios proporcionaban rutas ocultas que los delincuentes utilizaban para evitar ser detenidos. Era posible entrar en un edificio sin seguridad desde la calle, subir las escaleras, acceder a la azotea y desde allí cruzar a otro edificio y bajar de nuevo a la calle sin que sus movimientos fueran públicos. En 2005, un detective que contrató mi abogado, descubrió que mi edificio era famoso en el Departamento de Policía de Nueva York por ser un nido de delitos y residencia habitual de delincuentes.

50

CÓMO DEJÉ DE SENTIRME COMO EN CASA

De camino a mi antiguo piso, a donde fui a buscar el correo dos semanas después de la violación, me pareció ver al agresor en la tienda de ultramarinos. El inspector M. me había advertido de que eso era normal y que aunque me pareciera estar segura de verlo en muchos sitios, estaría equivocada. Pero un sábado a mediodía, algunas semanas después, cuando subía las escaleras para ver a la pareja a la que había realquilado mi apartamento, me lo encontré en el rellano del segundo piso.

—Hola —me dijo.

—Hola —respondí.

Sentí que el miedo se apoderaba de mí. Seguí subiendo hasta el cuarto piso, y volví a bajar. Fui corriendo a una cabina y llamé a la policía. Esta vez no tenía duda de que se trataba de él. Quedé con la policía en la cabina, me subí al coche patrulla y recorrimos las calles en busca del agresor. El día que me violó no llevaba cazadora, y hoy tampoco, aunque estuviéramos en pleno invierno. Solo alguien que viviera cerca iría sin ninguna prenda de abrigo. Desde la parte trasera del coche patrulla rastreé la calle, fijándome en todos los hombres negros jóvenes que circulaban por el barrio sin chaqueta. Cubrimos la zona, pasando por lo menos tres veces por cada una de las calles. Los peatones me miraban desde fuera. Traté de esconderme mientras seguía mirando. Tras dos horas de búsqueda infructuosa, los policías me preguntaron dónde quería que me dejaran, y me llevaron a la Avery Library, en la Universidad de Columbia.

En apenas unas cuantas semanas, la dirección de mi tesis se había visto alterada a medida que intentaba responder a algunas cuestiones cruciales sobre mi propia vida. ¿Vivía mi agresor en la zona? ¿Volvería? Como no encontraba respuesta para estas preguntas personales, las traduje en otras que cambiaron el enfoque de mi tesis: ¿Cuál es el radio de acción de un violador? ¿Es probable que un violador regrese al mismo sitio para violar? ¿Existe un patrón de comportamiento criminal por el que la violación va seguida de asesinato? ¿Dónde tiene lugar una violación y dónde no?

Al consultar las estadísticas, me quedó claro que los mitos sobre la violación y el hogar estaban conectados. La idea de que las violaciones suceden de noche, en callejones oscuros, en ubicaciones extrañas... es falsa. Esto no es más que un mito que alimenta la idea del hogar como un lugar seguro, lo que nos reconforta y nos impide pensar que la violación está cerca. Esta mitología sirve a los intereses masculinos: los hombres ven estimulada su lujuria con la fantasía de la libre disponibilidad de la mujer en el santuario de su hogar.

Después de haber sido retenida como rehén y violada en mi propio apartamento, no me sentía como en casa en ningún sitio ni con nadie. No me sentía a salvo en mi casa ni en ningún otro lugar. Me encontré «desapareciendo» en no-lugares: salas de ordenadores, bibliotecas y cafeterías, estudios de amigos, o cuartos de revelado.

La idea de que la violación es un acontecimiento aislado, que ocurre lejos de lugares familiares, disociado de los aspectos cotidianos del día a día, es una ilusión. En realidad la violación no está asociada al riesgo, a la aventura o a lo desconocido; el 94 % de las violaciones y abusos sexuales se producen en un radio de setenta y cinco kilómetros en torno al hogar de la víctima. A menudo la violación ocurre en la propia casa, y quienes cometen la violación son personas con las que la víctima se siente cómoda. La policía llama a los agresores que forman parte del entorno de la víctima *known doers*. El 75 % de los violadores son hombres que viven en casa de la víctima, o parientes con los que mantiene algún tipo de contacto social. Una de cada cuatro mujeres víctimas de violación lo fue en su propia casa o cerca de esta.

Releí mi trabajo de Princeton sobre *domestofobia*. En Estados Unidos, la violación es un delito frecuente; una de cada diez mujeres es violada. Es un hecho extraordinario para la víctima, pero muy habitual, no solo por la frecuencia con la que sucede, sino por la circunstancia de que ocurre durante rutinas familiares, mientras se llevan a cabo las tareas cotidianas. Al abrir la puerta cuando se regresa de hacer la compra, al bajar al sótano o a tirar la basura. Son acciones cotidianas que se llevan a cabo de forma automática o distraídamente, en las inmediaciones de la residencia o en el lugar de trabajo.

Los intrusos (el 25 % de los violadores) se aprovechan de los momentos de vulnerabilidad, como el instante de abrir el portal o de entrar en casa. Es probable que el ataque se produzca en lugares de paso, tales como porterías, recibidores, escaleras, ascensores, sótanos, azoteas y zaguanes. En la mayoría de los casos, la violación ocurre en lugares que permiten una cierta intimidad. Tal y como se detalla en las «Instrucciones para el paciente» que me dieron en urgencias del St. Luke, la agresión sexual (violación) es la «invasión de la intimidad por antonomasia» y a menudo ocurre en lugares privados o semiprivados. Mi agresión tuvo lugar en el umbral que separa el espacio público del privado.

La violación es doméstica. La casa y los espacios de tránsito dentro de los edificios son los lugares donde habitualmente se producen las agresiones, pero no parecen ser responsabilidad de las fuerzas gubernamentales ni encontrarse bajo su jurisdicción, y tampoco son responsabilidad clara de los departamentos de seguridad de la ciudad. Existe una norma del Departamento de Edificación que exige una estricta protección antiincendios, pero no hay ninguna que proteja contra la delincuencia en los edificios. Las únicas regulaciones de la Dirección de Conservación y Desarrollo de la Vivienda de la ciudad de Nueva York se limitan a las puertas, ventanas, cerrojos y verjas, y su aplicación deja mucho que desear. Consultando la información de la Oficina de Estadísticas Judiciales, observé que, mientras los delitos graves han disminuido (homicidio, robo y atraco a mano armada), las cifras de violación y allanamiento de morada se han mantenido estables durante los últimos quince años. Ambos delitos, allanamiento y violación, ocurren en casa, o cerca de ella. Los esfuerzos para blindar los edificios, a los inquilinos y el hogar, no solo no funcionan en la práctica, sino que además aíslan a la víctima potencial. La energía podría emplearse de manera más eficiente haciendo que el intruso se sintiera expuesto, en lugar de seguro, en el anonimato de las zonas de tránsito comunes. El hogar no es un lugar seguro. La familiaridad con los movimientos cotidianos que se dan en el hogar hace que las mujeres se sientan seguras en casa, pero también las convierte en víctimas. A mí me violaron en mi propia casa. En mi propia cama.

A pesar de las estadísticas y los hechos que menciono, la violación se sigue encubriendo mediante el secretismo. La santidad del hogar y del cuerpo, por el miedo a la invasión de la intimidad por antonomasia, se pervierten cuando la sociedad separa a la víctima. El delito tuvo lugar en tu casa, no en la mía. Ocultada por el secretismo y el silencio, la víctima se ve señalada como parte culpable.

Un desconocido para mí, mi agresor, conocía mi espacio. Estaba familiarizado con las condiciones de seguridad del edificio y sabía dónde esperar a su víctima sin ser visto. El portero me dijo que dormía en la azotea del edificio, pero no me explicó por qué. Me atacó sobre la una de la tarde. Estaba limpio e iba bien vestido, por lo que no tenía pinta de vivir en la calle. Conocía la piscina del barrio y puede que hasta se hubiera duchado allí. Parecía ser de la zona. Está claro que vivía cerca porque estábamos en pleno invierno y no llevaba cazadora.

Después de la violación me topé con él dos veces más, y yo me preguntaba por qué había vuelto al lugar de la violación. Solo después me di cuenta de que no es que hubiese regresado, sino que nunca se había ido. El edificio era su territorio.

El inspector M. estaba a cargo de la investigación. No era de mucha ayuda y hacía caso omiso cuando yo le decía que el violador vivía cerca de mi casa. No mostraba ningún tipo de preocupación ante mi miedo a que el violador me matara por el hecho de haber denunciado la agresión, y descartó la posibilidad de que fuera a volver. Me ponía furiosa que la policía no estuviera vigilando mi edificio por si acaso y esperando a que el agresor volviera.

La semana siguiente a la violación, el inspector M. pidió un retrato robot del agresor. A última hora de la tarde quedé con el dibujante en un edificio de la policía que estaba alejado del centro de la ciudad. Describí los rasgos del violador y él trató de captarlos. Yo había hecho mis propios dibujos. Comparados con los del dibujante de la policía, mis bocetos eran caricaturescos; vivos, pero no descriptivos. Cuando estaba empezando a hacer el boceto, el hombre recibió una llamada y paró para hablar de la lista de la compra y los deberes de los niños. Me chocó que respondiera a una llamada personal mientras yo estaba allí. Al oírle hablar de aquellas cosas tan cotidianas me puse triste. Yo ya no tenía rutina diaria. Un desconocido la había roto. Contuve las lágrimas. Era difícil describir a alguien que, para mí, no tenía cara. O cuya cara era más bien una máscara que representaba la muerte. Mientras hacía el retrato robot, me dijo que era probable que colgaran el boceto en la zona donde tuvo lugar la violación.

Cuando di el visto bueno a uno de los dibujos, eran las once de la noche. El edificio donde habíamos trabajado estaba en silencio y casi vacío.

—¿Quién te mandó aquí? No deberías haber venido tú sola.

Me levanté para irme, pero me embargó la angustia que me daba pensar en el futuro.

—Entiendo que el propósito de este boceto es que la policía pueda reconocer a los sospechosos, pero de ninguna manera deberían colgarlo en el barrio donde vivo hasta que me haya mudado del todo. Ese hombre me matará. El inspector M., quien me ha mandado venir, no lo entiende.

—No puedo hacer nada al respecto. Yo me limito a dibujar.

Me indicó el camino al ascensor.

Al día siguiente, llamé a la Unidad de Víctimas Especiales de Manhattan y pedí que no colgaran todavía los dibujos por la calle. Presa del pánico, les mandé una carta. La Unidad de Víctimas Especiales de Manhattan se encarga de investigar todos los delitos sexuales y casos de abuso de menores en todas las comisarías de policía de Manhattan, que son veintidós. Mientras que otras unidades reciben el nombre de la naturaleza del delito, la que se dedica a violaciones lleva el nombre del tipo de víctima. Llamarlo «víctimas especiales» podía ser un eufemismo para no nombrar la realidad o una forma de poner énfasis en el cuidado especial que necesita la víctima. No podía evitar pensar que pegar el cartel con el boceto del violador por la calle no era la forma de preocuparse por mi seguridad, sino que me expondría a una situación de mayor riesgo.

A pesar de eso, la segunda vez que me lo encontré, el violador no mostró ningún signo de enfado ni hizo gestos amenazadores de venganza. Probablemente pensaba que yo no había denunciado la violación, o se había convencido a sí mismo de que no había hecho nada malo, o de que la violación no tuvo lugar. De haber sabido que lo había denunciado, las probabilidades de que intentara matarme habrían aumentado. Para calmarme, traté de verlo desde su perspectiva; al no haber habido una agresión visible, podría decir que el sexo había sido consentido. Puede que esa fuera la fantasía que le conviniera, y le habría resultado imposible mantenerla si hubiera habido un asesinato, en cuyo caso, el cadáver sería una prueba incuestionable del crimen.

El 30 de abril de 2001, tres meses después de la agresión, el inspector M. firmó un formulario de seguimiento, solicitando que el caso fuese clasificado como caso cerrado. A pesar de eso, durante los dos años siguientes llamé periódicamente a la Unidad de Víctimas Especiales de Manhattan para preguntar si tenían noticias para mí, pero la respuesta fue siempre negativa. En una de las llamadas me enteré de que el inspector M. se había jubilado y había sido sustituido por el inspector B. Pensé que este cambio aumentaría las posibilidades de que capturasen al hombre que me violó. Pero no fue así. Cada vez que les llamaba, me sobrecogía la misma sensación de desesperanza. Solo era otra mujer violada en un barrio pobre.

CÓMO Y POR QUÉ PUSE UN PLEITO CONTRA MI CASERO

El día siguiente a la agresión, pasé horas en la sede del archivo de la policía, en Amsterdam Avenue, mirando retratos policiales con la esperanza de identificar al violador. El proceso se me hacía interminable y hasta cierto punto absurdo, porque la selección se basaba en mi estimación de la edad del violador. Yo recordaba sus rasgos, pero no estaba segura de su edad. Me esforcé en adivinarla, pero temía equivocarme. Me di cuenta de que era probable que viera un catálogo extenso de imágenes que podía no incluir a mi agresor. Pregunté si era posible que hiciéramos una búsqueda de una manera más aleatoria y mirásemos varios rangos de edad, porque se me daba mal calcular la edad de la gente. Pero como la policía organiza las fo-

tos por franjas de edad, me pidieron que las revisara por se-
cuencias y terminara una antes de pasar a la siguiente. Recuerdo
que la franja que miré iba de veinte a veinticinco años. Siete
años más tarde, me enteré de que había calculado mal la edad
del hombre que me violó. Tenía diecinueve años.

La sesión duró varias horas, y mientras estaba allí pensaba
con ansiedad cómo evitar que me atacaran por segunda vez.
Intenté refrenar mis miedos y centrarme en los retratos policiales. Me sentía atrapada en el archivo policial, entregada a
una búsqueda absurda, y aterrorizada ante la idea de que el
agresor volviera a buscarme.

Por fin dije lo que pensaba:

—¿Y si el violador no está en las fotos sino esperándome
en mi edificio? ¿Se supone que tengo que volver a un edificio
sin seguridad?

—Tranquila, no volverá. Nunca vuelven —me dijo un
agente de policía.

No le creí. Una agente de policía me miraba en silencio,
lo que interpreté como empatía. Mientras buscaban un nuevo
archivo de fotos, volví a llamar a la oficina del casero y le pedí
que arreglara la cerradura. Le dije que me habían violado en el
edificio.

—Como si te matan —me respondió el tipo que contestó
a la llamada.

Más tarde me contaron que en esa misma oficina le había
contestado de forma parecida a otra inquilina, una de mis ve-
cinas, cuando, después de que entraran a robar en su piso, pidió que cerraran con llave las puertas de la azotea.

—¿Te crees que vives en Park Avenue?

Dos hombres habían entrado en su casa a punta de pistola.
Uno de ellos golpeó a su hijo tan fuerte que lo tiró al suelo. La
mujer también sufrió un violento empujón, pero el padre for-
cejeó con uno de los hombres armados. El niño vio que su pa-

dre le quitaba la pistola al tipo y que apretaba el gatillo, pero el arma no se disparó. Vio al otro intruso apuntar a su padre a la cara con la pistola, y el niño se acurrucó aterrorizado junto a su madre. Los ladrones ataron a su padre de pies y manos con cinta de embalar y desvalijaron la casa.

Pregunté a los agentes de policía si podían obligar a mi casero a cambiar las cerraduras. Me dijeron que ninguna autoridad podía hacer cambiar las cerraduras de un edificio de una propiedad privada. También me explicaron que, aunque no les era posible enviar un coche patrulla a custodiar la puerta de mi piso las veinticuatro horas, podían ayudarme a encontrar un centro de acogida.

—No quiero ir a un centro de acogida.

No quería ir a un centro de acogida y sentirme aún más desplazada. Quería que mi hogar fuese un lugar seguro. Antes de la agresión, le había pedido repetidas veces al portero, que era también el encargado del mantenimiento, que arreglara las cerraduras, y me había quejado de la falta de seguridad al administrador de la finca. Nadie había hecho nada y yo no estaba del todo segura de quién era el responsable. La policía me dijo que el dueño era, en última instancia, responsable de las cerraduras del edificio, ya que no solo era el propietario de mi apartamento, sino de todo el bloque. No había caído en la cuenta porque en España no es muy común que una sola persona sea propietaria de un edificio entero, y la comunidad de vecinos normalmente comparte las responsabilidades de mantenimiento. En España, cuando te encuentras en una situación de peligro, la responsabilidad puede pasar a un Juez de Guardia, que tiene la potestad de desautorizar ciertos acuerdos de mantenimiento e imponer ciertas reglas. No entendía por qué la policía no podía hacer nada para asegurar la seguridad de mi edificio, ni podía entender quién era el que tenía esa potestad.

—¿Me podrían facilitar un teléfono y la guía telefónica?

Me daba vergüenza pedir tantas cosas, pero estaba desesperada. Con la intención de buscar ayuda para presionar a mi casero y de que mejorase la seguridad del edificio, llamé aleatoriamente a diversos teléfonos de emergencia, abogados y asociaciones de inquilinos. Descubrí, finalmente, que podía abrir un procedimiento administrativo en el juzgado de la vivienda para exigir que se reforzara la seguridad del edificio, pero el proceso sería largo. También me enteré de que existen abogados especialistas en temas de negligencia, que se centran en la compensación por daños. Sin embargo, ellos tampoco podían imponer medidas cautelares de seguridad en el edificio.

Al final de mi primer día en el archivo policial, estaba agotada, y supe que tendría que hacer un montón de cambios en mi vida. Quedarme en un edificio que no ofrecía un mínimo de seguridad y en el que ya me habían agredido me hacía vulnerable a una nueva agresión. Dado que mi necesidad inmediata era evitar más dolor, tenía que mudarme. Me veía obligada a aceptar la máxima de la agencia de mi casero: «Si no te gusta, márchate».

Por la noche, cuando volvía en metro a mi piso, comprendí que ser pobre no es solo una condición, sino un calificativo. Pobre define a la persona como alguien que carece de valor.

Fue la necesidad de recobrar mi propia dignidad lo que más adelante me llevó a emprender acciones legales contra mi casero. Estaba decidida a demostrar que él era el responsable de protegerme como inquilina, quería poner en evidencia que no había cumplido con ese deber, y pedirle una compensación por los daños que me había causado. El pleito y la compensación me iban a permitir que reconociera mi valía como persona en su propio idioma: dinero.

Concerté una cita en uno de los despachos de abogados que encontré en la guía telefónica. Me reuní con los abogados, les conté lo sucedido y firmé un contrato. Pasaron semanas sin tener noticias de ellos. Mientras tanto, dejé el piso y me fui a vivir de forma temporal a casa del hermano de mi novio. La tristeza y la ansiedad me superaban. Leí el folleto que me dieron en el hospital de St. Luke sobre los tratamientos de crisis. Los servicios básicos que ofrecían incluían el asesoramiento y la atención psiquiátrica y jurídica. Pedí una cita. Durante una sesión con D., la trabajadora social, expresé la frustración que me producía buscar otro lugar en el que vivir. También le conté que no había tenido noticias del despacho de abogados con el que había contactado. Entonces, ella me dio los nombres de dos abogadas especializadas en demandar a caseros en caso de agresiones violentas relacionadas con la falta de seguridad. Llamé a las dos. Una de ellas, M., tenía disponibilidad inmediata y parecía apasionada por su trabajo, según la conversación que tuvimos por teléfono. M. resultó ser una abogada que trató mi caso con el cuidado que merecía. Creía que denuncias como la mía eran una manera de hacer que quienes eluden sus responsabilidades se enfrenten a la justicia. Más adelante, me dijo que ella también había sufrido una agresión sexual, y que su motivación para estudiar derecho fue no haber encontrado abogados con empatía suficiente con la víctima como para llevar adelante un pleito por negligencia.

Para mi casero, mi vida valía menos que lo que costaba una cerradura nueva. Había mostrado que mi seguridad no le importaba nada. Su inacción era una forma de crueldad. Haber encontrado la abogada que yo necesitaba no resolvió el problema de seguridad del edificio. A pesar de mis ruegos, la cerradura del portal seguía rota, y la puerta de la azotea, abierta. Como inquilina, no podía hacer nada por la seguridad del edificio porque no tenía potestad para cambiar la cerradura del portal en un edificio que era propiedad del casero. Si el casero no hacía nada, yo tenía las manos atadas. Solo me quedaba una cosa, quejarme. Una maniobra de distracción habitual entre los caseros negligentes consiste en desestimar las quejas, y acusar al inquilino que las formula de incitar conflictos. En lugar de escucharte y solucionar los problemas, los caseros negligentes reaccionan a la defensiva. De una manera perversa, a la persona que sufre el problema se la acusa de generarlo. Entonces, el casero se ve, al menos de forma retórica, liberado de cualquier obligación con el inquilino. Pero eludir la responsabilidad es un abuso de poder. Negar la realidad no cambia los hechos.

No estaba claro si la falta de acción por parte del casero se debía a su apatía o si estaba motivada por el ánimo de lucro. Pensé en el fenómeno de los Million Dollar Blocks y en cómo la falta de seguridad convertía el edificio en un blanco fácil para delincuentes y en un lugar en el que los inquilinos vivían atemorizados, motivo por el cual dejaban los apartamentos vacíos, libres para reformar y no sujetos a la ley de estabilización de los alquileres. En el mundo del crimen organizado, se crean las condiciones para que se dé la delincuencia. Los delitos se vuelven invisibles, parecen no existir, hasta el punto de que no aparecen como un delito, sino como algo natural. La ambición maquiavélica de los caseros les hace actuar con planificación y alevosía; la violencia se permite y está presente de forma visible, aunque no es el objetivo sino el medio. Así funciona el negocio del crimen organizado. Si la inhibición del casero era premeditada y el abandono de la seguridad del edificio se hacía a propósito, el propietario del bloque estaba metido en la trama de corrupción inmobiliaria, y era posible que sus ingresos fueran ilegales.

Cuando recibimos los documentos y el contrato de alquiler, vimos que los nombres de las empresas del casero eran dos, la West 129th Street Realty Corp y la Green Realty Management Company, ambas con la misma dirección, lo que me resultaba confuso. No se sabía quién era el casero y quién el agente, y tampoco se podía saber quién era el responsable si teníamos un problema con el piso o el edificio. Durante el proceso legal, me enteré de que mi casero tenía otras empresas con nombres similares: West 129th Street Realty Corp.; Green Realty Management Co., LLC; y 408-412 West 129th Street Associates, LLC. También supe que la agencia inmobiliaria que administraba sus fincas era propiedad del casero, y que él mismo la dirigía.

Antes de ocupar el piso, estábamos a punto de firmar el contrato cuando M., una empleada del casero, exigió la cantidad equivalente al alquiler de un mes a cuenta de lo que ella llamó la comisión de la agencia. Se negó a darnos una factura, pero accedió a escribir en la hoja de un cuaderno: recibí 831 dólares en efectivo por el apartamento n.º 29 del 408 de la calle 129 Oeste, María Rodríguez. Para poder hacer frente al pago, decidimos vender el coche viejo que habíamos dejado en Princeton. M. llegó en un descapotable nuevo de color rojo. Para pagar la comisión que nos exigía, tuve que renunciar al cochecito en el que había aprendido a conducir. Más tarde supe que es ilegal que el casero cobre una cantidad como comisión de la agencia si el agente y el casero son la misma persona. A pesar de eso, el casero nos cobró la comisión, y no le correspondía.

Mi edificio, el número 408, y el edificio de al lado, el 412, compartían fachada y azotea. Eran dos edificios grandes; cada uno ocupaba lo que dos solares de construcción estándar. Por ese motivo, las numeraciones de ambos eran dobles: 406-408 y 410-412. Mi casero era el propietario de los dos bloques contiguos, y en ambos eran frecuentes las denuncias y las detenciones. En el 412 había menos. Puede que fuera porque W., el portero de ambos edificios, vivía allí y ejercía un mayor control sobre él. Mi casero, el portero y sus agentes sabían que en el edificio había intrusos, pero ni el portero ni los administradores me informaron de esto cuando me convertí en inquilina en el año 2000. Durante el pleito me enteré de que mi casero había firmado, de hecho, una declaración jurada por la que reconocía estar al tanto de la presencia de intrusos que ocupaban zonas comunes del edificio, del 406-408, sin autorización, y que consumían drogas:

> Soy el administrador del 406-408 de la calle 129 Oeste. El edificio tiene muchos residentes legítimos. Recientemente, hay intrusos haciendo uso del edificio como un lugar en el que vender y consumir drogas. Por eso, he solicitado a la comisaría número treinta y dos que detenga a cualquier persona que sea ajena al edificio. He dejado claro que si una persona no es inquilina del edificio, su presencia no está autorizada, y debería ser detenida por allanamiento. Las señales que dicen «prohibido el paso» y «solo autorizado a inquilinos y sus visitas» están claramente expuestas a la entrada del edificio (09-07-1998).

Mi casero, o alguien de su oficina, presentó una denuncia. La dirección de la víctima coincidía con la de mi casero. En el formulario, donde decía: «Delitos (si los hubiere)» ponía «Allanamiento 2F» y la fecha del incidente era 04-04-1997. Y donde decía: «Lugar del incidente», la dirección era 412 de la calle 129 Oeste. Bajo «Detalles», ponía:

> En hora/lugar/circunstancia, el gerente del edificio afirma que una persona desconocida rompió las bisagras de la puerta de entrada del apartamento 19 (apartamento vacío), entró en el piso, quitó los pomos de 3 puertas de 2 dormitorios y de 1 armario sin permiso ni potestad. Los inquilinos de los apartamentos contiguos, 20 y 21, no oyeron ningún ruido.

El informe declaraba que sustrajeron tres pomos con un valor estimado de cincuenta dólares.

Otro informe policial, también clasificado en la categoría de «Delitos (si los hubiere), Allanamiento de morada 2F», era más inquietante. La fecha del incidente era el 02-04-1998. Bajo el indicativo «Lugar del incidente», la dirección también era el número 412 de la calle 129 Oeste. Donde ponía «Detalles», se leía:

> La denunciante afirma que en la hora/lugar/circunstancia anotada, estando en su habitación de la dirección citada anteriormente, oyó a alguien romper el marco de la puerta principal y entrar en su apartamento. La denunciante afirma que se escondió bajo la cama y oyó a 3 hombres caminar por su piso y sustraer los objetos enumerados arriba. La denunciante recuerda haber oído que uno de los infractores llamaba Kevin a otro. No hay más datos.

Unas semanas antes de la fecha prevista para la vista del juicio, mi abogada localizó a la mujer a la que el casero había contestado con sarcasmo: «¿Te crees que vives en Park Avenue?», y ella se ofreció voluntariamente para testificar sobre lo que le ocurrió a su familia. Bajo el rótulo que decía: «Delitos (si los hubiere)» ponía «Allanamiento 1F», la fecha del incidente era 01-12-2000, la hora, las 13.00. Bajo el epígrafe «Lugar del incidente», la dirección era 412 de la calle 129 Oeste. En «Detalles», ponía:

> En la hora/lugar/circunstancia anotada, la denunciante declara que el infractor n.º 1 llamó a la puerta diciendo tener un paquete de FedEx. Cuando la denunciante abrió la puerta, el infractor n.º 1 le pidió que firmara. Entonces él sacó una pistola. La denunciante trató de cerrar la puerta, pero el infractor n.º 1 la empujó hacia el interior del apartamento. El infractor n.º 2 le puso la pistola en la garganta a la denunciante.

El infractor n.º 1 dijo «esto no es un juego, pienso disparar». La denunciante fue amarrada a una silla con cinta aislante. Los infractores registraron el apartamento sin permiso ni potestad y sustrajeron los objetos enumerados más arriba.

Otro formulario de denuncia, en donde se indicaba «Delitos (si los hubiere), Allanamiento 1F», fecha del incidente 16-10-2000, rezaba:

> En hora/lugar/circunstancia anotada, la denunciante declara que cuando entraba en el edificio, en el vestíbulo, la agarraron tres infractores. El infractor n.º 1 le puso un cuchillo en la garganta mientras que los infractores n.º 2 y n.º 3 le quitaron el walkman y el teléfono móvil; después, los infractores huyeron del edificio.

Mi abogada contrató los servicios de un detective privado para que investigara los edificios. Este recopiló una lista de los delitos que se habían cometido allí, y las detenciones que había realizado el Departamento de Policía de Nueva York, en ambos bloques, entre los años 1988 y 2000. El informe reflejaba doce allanamientos de morada, tres robos y nueve agresiones: todos ellos crímenes violentos. Concluyó lo siguiente:

> [...] No cabe duda de que estos dos edificios están situados en una zona con altos índices de delincuencia y, basándome en el número de informes que he podido revisar y las numerosas conversaciones que he mantenido con miembros de la comisaría de policía número veintiséis, estos edificios son vulnerables. También he tenido acceso a innumerables informes del Departamento de Policía de Nueva York en los que los detenidos por haber perpetrado los delitos vivían, o bien en el 408, o bien en el 412 de la calle 129 Oeste. Así, puede ob-

servarse, que el edificio no solo es un lugar donde se cometen delitos, sino que algunos delincuentes de los que el Departamento de Policía tiene constancia que cometen delitos en él, viven en ese edificio. Además, el portero entregó una declaración firmada en la que se recoge que unos desconocidos habían taponado con papel la cerradura de la puerta del portal del 412 de la calle 129 Oeste, lo que imposibilitaba que la puerta pudiera cerrarse, haciéndola inservible para preservar la seguridad. Una vez dentro del edificio y con anterioridad al incidente que estamos investigando, los delincuentes podían pasar de un edificio a otro sin problemas porque las puertas de la azotea estaban siempre abiertas. ¡Bingo!

Cuando estaba preparando mi demanda contra el casero, me quedó claro que mi agresión no era un caso aislado. Tal vez el número de delitos cometidos en el edificio tuviera que ver con la falta de seguridad. Según los expedientes de quejas de los inquilinos y las infracciones cometidas en el edificio, registradas en la Dirección de Conservación y Desarrollo de la Vivienda de la ciudad de Nueva York, parece que el casero la habría descuidado durante años.

Encargar e instalar puertas de cierre y bloqueo automático en la entrada de los apartamentos del quinto piso de orientación noroeste (Fecha del informe: 03-04-1996); arreglar adecuadamente los porteros automáticos rotos o defectuosos e inoperativos (Fecha del informe: 05-06-2000); encargar e instalar puertas de cierre automático en el apartamento número 8 (Fecha del informe: 07-07-2000); Encargar e instalar puerta de cierre y bloqueo automático en la entrada del apartamento número 2 de orientación noreste (Fecha del informe: 22-07-1986); sustituir las bisagras rotas o defectuosas por otras nuevas (Fecha del informe: 07-07-2001); retirar las barras de seguridad y puertas que no se ajusten a la normativa vigente, de las ventanas en las salidas de incendios y sustituirlas por puertas reglamentarias. Apartamento 4 sureste (Fecha del informe: 08-05-1987); encargar e instalar en las entradas este y oeste de la azotea puertas de cierre automático (Fecha del informe: 09-10-1987); retirar el cerrojo corredero ilegal que permite cerrar las puertas herméticas este y oeste que dan acceso a la azotea (Fecha del informe: 06-06-1995); retirar el cerrojo corredero ilegal que permite cerrar las puertas herméticas este y oeste que dan acceso a la azotea (Fecha del informe: 02-04-1999); retirar el cerrojo corredero ilegal situado en la puerta de entrada del apartamento 17 (Fecha del informe: 17-07-2001); retirar la cerradura ilegal con llave de doble cilindro (Fecha del informe: 28-12-1989). Sumario del informe de infracciones del edificio proporcionado por la Dirección de Conservación y Desarrollo de la Vivienda de la ciudad de Nueva York, Unidad de Aplicación del Código.

Me preocupaba lo complicado que era que fuese aceptada una denuncia por negligencia, pero sabía que era el único mecanismo correctivo del que yo disponía. Mediante la coerción, el violador se hizo con el control de mi cuerpo; fui víctima de un delito. Fui violada en mi propio piso, en un edificio sin las medidas de seguridad adecuadas, una carencia que me había dejado expuesta a esta clase de delitos; pero también fui víctima de la usura del casero. La violación es un delito y el violador puede ser condenado y sentenciado por ello. Pero dejar a un inquilino expuesto al riesgo de ser objeto de violencia no se considera delito, y solo una vez que el delito ha tenido lugar se le puede exigir responsabilidad al casero.

La agresión me había hecho daño de verdad. Ahora me cuestionaba cada pequeña acción de mi vida cotidiana. Hacer cualquier cosa me costaba intentarlo varias veces. De camino a un museo, me bajaba del metro y volvía a casa antes de llegar a mi destino. Quedaba con amigos y, sin saber por qué, después les decía que no podía ir. Me pasaba el día haciendo y deshaciendo; necesitaba estar sola, pero era infeliz cuando lo estaba. Me volví huraña y dejé de asistir a fiestas y reuniones. Parecía haber perdido la capacidad para empatizar con los demás, pero aún así echaba de menos conocer a gente nueva e intercambiar ideas. El convencimiento de que mi vida podía acabar de una manera fortuita hacía difícil que me centrara en relaciones o proyectos a largo plazo. Aún así seguía siendo disciplinada, pero no tenía el mismo entusiasmo de siempre. Mi mundo se había encogido.

EL PROCESO PENAL Y EL PLEITO CIVIL

CÓMO PILLARON AL AGRESOR

El verano de 2003 estaba trabajando en Madrid, participando en un concurso de vivienda social convocado en Tromsø, Noruega, cuando recibí una llamada de M., una mujer que dijo trabajar en la oficina del fiscal de distrito de la ciudad de Nueva York.

—Tu agresor ha sido detenido, estuvo implicado en un tiroteo. ¿Recuerdas que encontramos ADN en las colillas que dejó en tu apartamento? El ADN coincide —dijo M.

Quedamos para vernos cuando yo volviera a Nueva York en septiembre. Cuando llegué a Estados Unidos, M. me dijo:

—El inspector de policía S. te llamará pronto para hablar del caso.

Hasta aquel momento no había tratado con el inspector de policía S. Incluiré aquí un resumen de su carrera profesional, redactado por un tercero:

[...] En 1995, solicitó un traslado a la Unidad de Víctimas Especiales de Manhattan, donde empezó a especializarse en la investigación de delitos sexuales con violencia. En 2001 creó y puso en marcha un programa que le permitió especializarse en la investigación del goteo de los primeros casos basados en pruebas de ADN que, como él preveía acertadamente, no tardaría en convertirse en una avalancha. A medida que los bancos de datos empezaron a producir resultados basados en el ADN, el inspector de policía S. y su colega se convirtieron en los primeros inspectores de ADN del Departamento de Policía de Nueva York, y desde su oficina de Manhattan estuvieron al frente de todos los casos de detenciones y acusaciones relacionados con el ADN, tanto en la ciudad como en el estado de Nueva York.

Dadas mis malas experiencias con inspectores de policía hasta la fecha, le pedí a M. si podía ir a hablar con ella antes de ver al investigador. Quedé con M. en la oficina del fiscal del distrito. Ella me dijo que el violador había sido detenido por estar involucrado en un tiroteo, y que lo habían juzgado y condenado a ocho años de cárcel. Habría sido capaz de usar la pistola y pegarme un tiro, pensé. M. me dijo que cuando se produjeron las agresiones, el violador no tenía casa y vivía en la azotea del edificio donde estaba mi apartamento. En cuanto se lo oí decir, supe que no me había fallado la intuición. Como era invierno y no llevaba chaqueta, deduje que vivía cerca. Además, me dijo que aquel hombre había violado también a otra mujer pocos meses después de haberme violado a mí. Por aquella época, la otra mujer trabajaba de camarera de habitaciones en un hotel del barrio. Tal y como pensé cuando le vi la segunda vez, mi agresor no iba muy lejos para cometer sus crímenes; a la otra mujer y a mí nos había violado en la zona que él frecuentaba, donde yo vivía y donde ella trabajaba. M. me explicó que, cuando arrestan a una persona por un delito grave, la policía hace una prueba de ADN. Su ADN se correspondía con las muestras encontradas en los exámenes de nuestros casos y su perfil encajaba con el del hombre responsable de dos violaciones en Harlem. Me dio su tarjeta: procuradora de los tribunales.

El inspector de policía S. estaba a cargo de la investigación de dos violaciones. En el interrogatorio de la policía al sospechoso, firmado por el inspector S. en 2003, se puede leer:

> Williams afirmó tener 25 años, con fecha de nacimiento xx xx 82. Asegura que con anterioridad a su detención en 2002, vivía en la calle. Sin embargo, tiene familia en xxxxx calle 1xx xxxx. En 2001 vivía en un apartamento vacío en un edificio de la 11xth Oeste en el cruce con Morningside Drive. Una tía suya vivía en ese bloque y usaba el apartamento de trastero. Williams tenía permiso para vivir en el apartamento.

La descripción del sospechoso como sin techo coincidía con la declaración del portero el día de la agresión; había visto a un hombre que encajaba con lo que yo había descrito y que al parecer vivía en la azotea del edificio en el que me violó. Sin embargo, no parecía un vagabundo. Dijo que algunos parientes suyos vivían en el barrio y tenían un apartamento en el que podía alojarse. Era desempleado, sin una posición en el mundo, sin estar arraigado en ningún sitio. A pesar de su aspecto normal, vivía en los intersticios de la ciudad, huecos escondidos y espacios semipúblicos de edificios privados. Era invisible.

La segunda violación por la que se investigaba al sospechoso tuvo lugar en un hotel.

> El Hotel N.E. se introdujo en la conversación [...] Williams afirmó no haber oído hablar de ese hotel y no haber estado nunca allí. En varias ocasiones negó conocer el hotel.

El inspector de policía S. habló de la localización del delito sin mencionar que en ese lugar hubiera ocurrido algo. No le preguntó si había estado en el hotel, pero el sospechoso, al negar

haber entrado, se adelantó al interrogatorio, lo que permitía
intuir que sabía que algo había ocurrido allí, en ese hotel.

> El abajo firmante le informó de que se trataba del hotel si-
> tuado en el cruce de la calle [...] Oeste con la Avenida [...]. En
> ese momento, Williams pareció meditar un rato sobre ese
> cruce de calles mencionado para hacer alusión al hotel.

Al decir la dirección, el inspector S. ponía en cuestión la since-
ridad del sospechoso, venía a decirle que cómo era posible
que, aun viviendo en la zona, no hubiera reparado en el hotel.

> Pronto declaró que sí lo conocía, pero solo porque pasaba
> por delante en sus paseos por el barrio. Afirmó que había pa-
> sado de largo en bici y que conocía a algunas personas que
> pasaban el rato en la esquina donde se encontraba ese hotel,
> al lado del colegio [...]. Sin embargo, Williams siguió afir-
> mando que nunca había entrado en el edificio [...]. El abajo
> firmante le enseñó a Williams una fotografía de la fachada
> del hotel que había tomado desde la calle. El sospechoso
> miró la imagen y declaró que no lo reconocía en absoluto.

Fingiendo simpatizar con él, el inspector S. le dio una excusa
para justificar que jamás se hubiera percatado de la presencia
de ese establecimiento:

> [...] le pidió que mirara la foto con detenimiento y le hizo fi-
> jarse en los toldos verdes, y comentó que a lo mejor acababan
> de ponerlos o que en invierno los retiraban, pero que todo lo
> demás, olvidando ese detalle, tanto la apariencia general
> como la arquitectura de la fachada, seguro que le sonaban.
> Al oír mencionar la arquitectura y la fachada Williams dijo
> reconocer el edificio, pero no saber que fuera un hotel [...] Sin

embargo sí que reconoció la foto como el hotel [...] delante del que había pasado en bici [...]

Tras leer el interrogatorio, fui al hotel y, sin pensar, entré. El edificio no estaba pasando por su mejor momento, pero todavía tenía buen aspecto, especialmente, comparado con la mayoría de los hoteles de la zona. El suelo estaba cubierto de moqueta y era acogedor. Cualquiera recordaría haber estado allí. Pregunté el precio de una habitación. El recepcionista me dio una tarjeta con las tarifas por dos y cuatro horas.

En el interrogatorio, según el informe del inspector S., Williams insistió en que no le sonaba el hotel y que nunca había entrado... Añadió, que no solo no se había alojado en ese hotel, sino que únicamente había estado en un hotel una vez en la vida. «Fue en Atlantic City, cuando era pequeño.»

Cambiando la táctica del interrogatorio, el inspector S.:

[...] confrontó su versión afirmando que había sido visto dentro del hotel [...] Williams siguió negando haber estado allí. Williams también afirmó que nunca había usado un nombre falso, que siempre había usado su verdadero nombre y que nunca empleó ningún alias. Más adelante, en ese mismo interrogatorio, admitió haber usado un alias en el juzgado.

El método del interrogatorio parecía amistoso. El interrogador actuaba como un entrevistador que hacía comentarios sobre ciertos temas, más que preguntar al interrogado directamente, y sin decirle de antemano lo que estaba buscando; nunca hablaba dando a entender que el interrogado era, de hecho, sospechoso de haber cometido un delito. Esta técnica pretendía incrementar la ansiedad del interrogado, porque las preguntas neutras solo eran significativas para él si era culpable.

Durante el interrogatorio, las preguntas se centraban primero en el lugar del delito y después pasaban a centrarse en la víctima.

El abajo firmante le preguntó a Williams si había conocido a una mujer hispana que trabajaba en el hotel y formaba parte del personal de limpieza. Respondió que no. El abajo firmante le mostró una foto de la parte acusadora tomada en un momento próximo al día de la agresión. Williams miró la fotografía y declaró que nunca había visto a esa mujer. En una copia de la foto escribió que "nunca la había visto antes" y firmó debajo.

Las preguntas se planteaban en el interrogatorio de forma general, y cuando la respuesta del sospechoso era negativa, se hacían referencias concretas al suceso. No todo tipo de referencias, solo por medio de fotografías. En las fotografías no ocurría nada. No le mostraron pruebas del delito, solo un edificio y una mujer. Se mostraron con la intención de provocar una respuesta emocional.

El interrogado respondió siempre «no» la primera vez que le hacían una pregunta; tras varias indagaciones, la respuesta se convertía luego en un «sí, pero». Tras cada una de las respuestas negativas, el entrevistador presentaba pruebas.

El método usado en el interrogatorio construye un caso contra el sospechoso donde él mismo se reconoce como implicado. Al saber que después de cada pregunta le van a mostrar pruebas irrefutables, comienza a adelantarse a los acontecimientos.

El abajo firmante le informó de que había sido visto por última vez en la zona del hotel por la ventana que daba acceso a la escalera de incendios [...] Se le dijo que lo habían visto en el hotel el 02-02-2001 y el 03-02-2001 [...] Con la foto de la parte acusadora aún en la mesa, se informó a Williams de que habían encontrado sus huellas en el hotel. Se le facilitó el informe de reconocimiento de huellas dactilares y lo leyó. En este momento, Williams admitió haberse alojado en el hotel —pero no de manera habitual—, como afirmaba el abajo firmante. Declaró no haber estado en el hotel el 03-02-2001. Sin embargo, no pudo recordar cuándo estuvo allí.

Hasta este momento, las preguntas se formulan como si se tratara de una conversación, pero a partir de aquí, cada pregunta iba a implicar una respuesta y el tono iba a ser cada vez más acusatorio. Del mismo modo, las respuestas del sospechoso dejan de ser evasivas para pasar a ser negaciones directas.

Williams estaba empezando a enfadarse y, en respuesta a las insinuaciones del abajo firmante, declaró que nunca tuvo ninguna discusión en el hotel y que no fue obligado a abandonarlo. Aseguró que jamás tuvo una discusión con la limpiadora del hotel, como sugería el abajo firmante. Afirmó que no se había cruzado con ninguna camarera del hotel, y que nunca había visto a la mujer de la foto.

Durante esta parte del interrogatorio, las fotos relacionadas con el delito permanecieron sobre la mesa, bien a la vista.

[...] Williams negó que las huellas encontradas en la habitación de la segunda planta del hotel fueran suyas. No podía explicar cómo la policía había podido encontrar sus huellas allí. Afirmó una y otra vez que no había estado en la segunda planta del hotel ni en esa habitación [...] Cuando le preguntaron qué había ocurrido aquel día en el hotel, respondió: «No lo sé». La foto de la parte acusadora seguía sobre la mesa [...]

Williams reiteró que no había estado en esa habitación. Insinuó que quizás había podido tocar esa bolsa en algún otro sitio, que sus huellas hubieran quedado en ella y que alguien había podido llevar posteriormente la bolsa a la habitación.

Como el sospechoso trató de criticar el modo en el que el interrogatorio se desarrollaba:

> [...] en este punto, el abajo firmante lo confrontó con la alegación de violación, y con el hecho de que su ADN había sido encontrado en la ropa interior y en la vagina de la denunciante, así como en el preservativo que se le retiró de la vagina en el hospital. En respuesta, Williams contestó: «No hay nada que decir. No tiene sentido mentir. Voy a ir a la cárcel, mierda». El abajo firmante de nuevo le pidió que diera una explicación de por qué se había encontrado su ADN en la denunciante. Su única respuesta fue que «no tiene sentido mentir». El abajo firmante le informó de los cargos a los que podía enfrentarse: violación en primer grado, intento de sodomía en primer grado, allanamiento y agresión.

El inspector S. creó un patrón de comportamiento: mostraba una fotografía, hacía una serie de preguntas neutras sobre ella, y después comentaba que la fotografía estaba relacionada con un delito. Con el tiempo, el inspector no tenía más que mostrar una foto para obtener una respuesta incriminatoria; el sospechoso se adelantaba voluntariamente a su interrogador.

> Cuando se le mostró la foto de la escena del crimen con la colilla, Williams preguntó: «¿Han encontrado mi ADN allí también?».
> A Williams no se le dijo cuál era la acusación, ni podría haberse insinuado su naturaleza a partir de la foto de la esce-

na del crimen, sin embargo, se le dijo que se trataba de imágenes relacionadas con un delito y que una mujer estaba volviendo a casa con la compra, y él no hizo alegación alguna.

Este detalle solo tenía sentido si él era el agresor.

Durante el interrogatorio sobre la violación, el inspector S. le pidió a Williams

[...] que mostrara el abdomen. El sospechoso accedió y se levantó la camiseta. Los investigadores habían observado que Williams tenía una mancha de color claro (rosado) en el lado derecho de su abdomen, cerca del ombligo. El abajo firmante le informó de que una de las demandantes había descrito esa mancha.

No cabía duda de que se trataba del mismo hombre. Cuando el violador se desvistió en mi casa, vi que tenía una mancha de nacimiento en el lado derecho del estómago. Años después, en 2008, conocí a un detective de víctimas especiales que ya estaba jubilado. Cuando le enseñé una maqueta de mi libro, se dio cuenta de que en el informe narrativo de la violación se hacía referencia a una mancha de nacimiento, pero que en el parte original de la violación, la casilla en la que se aludía a la presencia de manchas de nacimiento no había sido marcada. Me explicó que, cuando procede una detención y se buscan marcas como tatuajes o manchas de nacimiento, la primera página del informe se cruza con otros documentos para ver si el sospechoso ha cometido otros crímenes. La mujer que rellenó mi informe olvidó preguntarme si mi agresor tenía manchas de nacimiento o tatuajes. Que se produzca un error a la hora de rellenar o no una de las casillas de un formulario es comprensible; esta clase de procedimientos pierden significado al convertirse en tareas burocráticas, pero que existiera un error de

esta naturaleza en el establecimiento de perfiles del sospechoso en la primera página del informe sobre mi violación, que es
la única página que se coteja con otros informes de delitos similares es, sin duda, un error importante. Dado que la edad, el
peso y la altura son difíciles de juzgar y constituyen caracterís-
ticas generales, las marcas distintivas pueden ser un factor decisivo en cualquier identificación. En el relato de seguimiento
que hice ante otro agente, me aseguré de que anotara que el
agresor tenía una mancha de nacimiento en el estómago. Hay
muchos hombres negros con ojos marrones y muchos que llevan vaqueros, pero era más que probable que solo uno tuviera
una determinada mancha de nacimiento en el lado derecho
del estómago. Sin embargo, el inspector S. me dijo que la
omisión de la mancha de nacimiento en el informe no era sig-
nificativa en mi caso, porque ni el informe ni el banco de datos
de manchas de nacimiento daban demasiados detalles sobre
ese tipo de marca.

Además de las marcas físicas, la manera más efectiva de
identificar al responsable de un «caso frío» son las pruebas
de ADN. Llamé con frecuencia a la Unidad de Víctimas Especiales de Manhattan durante meses, después de mi violación,
para preguntar si habían encontrado huellas de algún otro
ADN que no fuera el mío en las muestras tomadas en mi cuerpo. La respuesta era siempre la misma, que aún no habían pro-
cesado las muestras. Comprendí que la mayoría de los «kits de
violación» o «muestras de la escena del crimen», debido al
elevado coste que supone su análisis y procesamiento, solo llegan a estudiarse una vez que se ha identificado al sospechoso.
Si se arresta a alguien por un delito grave, se toman las muestras de ADN e inmediatamente se cruzan los datos con evi-
dencias de ADN de responsables de crímenes sin resolver. Estas respuestas me pusieron nerviosa. Las probabilidades de
que el responsable de mi violación fuese detenido alguna vez,

a medida que pasaba el tiempo y no conociendo su identidad, dependían directamente de que fuera detenido por otro delito grave, que se analizara su ADN y que se cruzaran los datos de él con los del ADN que pudieran haber encontrado en mi cuerpo o en la escena del crimen. Pero para encontrar alguna coincidencia era necesario que mis muestras hubieran sido analizadas.

Las leyes vigentes en la actualidad permiten el muestreo de ADN en delincuentes con sentencias múltiples: no solo cuando se les envía a la cárcel, también en otras situaciones, lo que aumenta las probabilidades de que un «caso frío» se relacione con un delito reciente. Pero estas leyes no estaban vigentes cuando se produjo mi violación. En cambio, lo que fue determinante con relación a mi caso fue el cambio de política a la hora de procesar los «kits de violación» que se llevó a cabo en algún momento de los dos años posteriores al delito, gracias a las mejoras tecnológicas y a la reducción de costes que se produjeron.

Mis muestras, que habían sido tomadas como pruebas en 2001, fueron finalmente procesadas. El ADN coincidía con los resultados del «kit de violación» de la otra mujer, lo que demostraba que nos había violado el mismo hombre. No sé si el ADN que sirvió como prueba se tomó de mi cuerpo o de alguna muestra encontrada en la escena del crimen, ni sé tampoco en qué momento se analizaron las muestras. Lo que sí sé es que en 2003 ya estaban procesadas, y que inmediatamente dieron resultados. Siguiendo el procedimiento habitual del momento, cuando el agresor entró en la cárcel, se tomaron muestras de su ADN, y esas muestras fueron enviadas al banco de ADN para compararlas con otras muestras de crímenes sin resolver. Su ADN coincidía con el del violador. Lo habían identificado.

DOMESTOFOBIA Y CARCELANDIA

Cuando me enteré de que habían condenado y sentenciado al agresor, mi mente volvió al momento en que ese hombre estuvo en mi apartamento. Recuerdo que mi cabeza iba a toda velocidad, en busca de algo que pudiera ofrecerme una pista para encontrarlo. Partículas de información pasaban por mi mente: «... Uno de cada diez hombres en Estados Unidos ha estado o estará en la cárcel... Uno de cada cuatro hombres negros ha estado o estará en la cárcel... Los datos que no procesé fueron: una de cada diez mujeres es víctima de violación... de esas mujeres, una de cada cuatro es violada en su propia casa». Mientras A. estaba impartiendo una clase que tituló *PrisonLand* (Carcelandia) sobre el auge en Estados Unidos de la construcción de prisiones y la arquitectura carcelaria, yo, por mi parte, había escrito un ensayo que titulé: «*Domestofobia*. Un acercamiento a la deconstrucción del concepto de lo doméstico como espacio placentero en los Estados Unidos en la década de los setenta». ¿Era una coincidencia que en nuestra vida cotidiana A. y yo nos enfrentáramos a los problemas que estábamos estudiando? Nuestras investigaciones universitarias se estaban volviendo autobiográficas.

Mi concepto de domestofobia se basaba en dos ideas: una, el concepto de *hogar*, que es un mito, porque en la práctica el hogar es más bien una cárcel; dos, la casa es, literalmente, un lugar donde se comete violencia contra las mujeres. Tras la agresión, establecí una tercera conexión entre domestofobia y Carcelandia.

El hogar, el símbolo del sueño americano, es simplemente una imagen. Solo es un «hogar» para quienes, en lugar de cuestionarse las costumbres, la moral y la cultura en que viven, aceptan el mito o la imagen de ese hogar de ensueño. La casa es la manifestación física de dicha imagen, de ese mito. Pero, como sucede con cualquier idea que toma forma, no puede materializarse sin perder algo en el proceso. El mito del «hogar» se mantiene congelado como una imagen de ensueño, que oscurece la realidad de la casa como una jaula dorada para los ricos, o una jaula desnuda para los pobres; una trampa en cualquier caso.

La casa, entendida como icono del «hogar», afecta negativamente a quienes no la tienen y se encuentran privados de la estabilidad de una residencia, lo que les embarga de un profundo sentimiento de desafección. Los «sin techo» están atrapados por la idea de «el hogar»: encadenados por una ideología que los iguala a los vagabundos, seres en búsqueda constante de «un hogar propio» y desvinculados de toda comunidad. En cuanto a quienes acumulan algo de riqueza, cuando el «hogar» se convierte en un bien, sus dueños adquieren los atributos de la libertad; la casa es el único lugar en donde sentirse libres. En el proceso, el hogar se convierte en una jaula, un encierro físico, que son incapaces de abandonar. Para ellos, la principal preocupación pasa a ser la posibilidad de perder su propiedad, no su libertad.

La consciencia de la trampa que supone el mito del hogar podría explicar por qué la casa unifamiliar en zona residencial, la imagen establecida del «hogar» en los Estados Unidos, ahora se complementa con el apartamento. Aunque ambos constituyen sendas formas de aislamiento, la casa unifamiliar enfatiza la idea de «unidad» (familiar, cultural, de clase y de estatus), mientras que el apartamento enfatiza el «retiro». La idea soñada ya no promueve la unidad familiar bajo un mismo techo, sino más bien la reclusión de la pareja lejos del mundo y al mismo tiempo cerca de él. Ambas ideas representan que la libertad se obtenga a través de la propiedad, pero mientras que la casa unifamiliar lo logra a través de la autonomía y la permanencia (no hay casero, ni alquiler, ni paredes compartidas), el apartamento lo hace a través de la intercambiabilidad. El apartamento se presenta como un bien que es al mismo tiempo una mercancía, un producto que es fácil de comprar y vender, libre del apego emocional. Mantener una casa unifamiliar requiere tiempo y esfuerzo. Este tipo de vivienda se integra en un estilo de vida en vías de desaparición que conlleva el desplazamiento diario de casa al trabajo. En el mundo de consumo rápido que crece cada vez más, la función de la casa como unidad de desarrollo vital, llena de actividades, ahora resulta arcaica. En cambio, el condominio-apartamento ofrece un nuevo tipo de retiro. La familia ha sido reemplazada por la pareja, y sus prioridades ya no son las tareas y la actividad familiar, sino el trabajo y el relax. Al igual que sucede con las habitaciones de hotel, el apartamento de lujo o condominio es anodino, una unidad neutra e intercambiable. Estos nuevos propietarios sin hijos no están arraigados en un lugar determinado. Operan en un mundo globalizado y transitorio, en el que el equilibrio de la vida y el trabajo ya no se asegura mediante la memoria, la comunidad y la casa, sino mediante la inversión financiera de los habitantes de condominios, que compran y venden para después desaparecer sin dejar rastro, como si nunca hubieran estado allí.

En Nueva York, durante el boom inmobiliario de finales de los años noventa, cuando la ciudad se hizo segura y gran parte de los que previamente se habían ido a vivir a las afueras volvieron a vivir a la ciudad, hubo muchos arrendatarios que, a medida que los edificios empezaron a convertirse en apartamentos privados, perdieron sus contratos de alquiler de renta estabilizada. Este proceso se ha repetido recientemente, aunque la repentina caída del mercado inmobiliario ha frenado esta tendencia.

Para que una casa se convierta en un hogar, es importante que no aprisione a quienes viven en ella. Si se espera que la vivienda proporcione tanto libertad como arraigo, entonces la normativa que rige la construcción y compraventa de propiedades inmobiliarias debería enfatizar valores como el apego y la movilidad como algo beneficioso. La casa es un elemento prioritario en la economía: para promotores, contratistas y agentes inmobiliarios de todo el mundo. En la práctica, si las casas fuesen solo vehículos de sueños, no serían tratadas como cualquier otro producto que se puede comprar y vender en el así llamado «libre mercado».

Llevando mis reflexiones sobre la sublimación del hogar, la cárcel y la situación de los «sin techo» un paso más allá, y teniendo en cuenta que los índices de delincuencia disminuyen (a pesar de que se sigan construyendo nuevas cárceles y de que los centros penitenciarios en Estados Unidos sigan estando casi llenos), habría que decir que la cárcel actúa de contenedor de los fallos de la nueva economía y ofrece un hogar por defecto. El aumento de arrendatarios desarraigados (gente en tránsito, sin casa, y sin hogar) está directamente relacionado con el precio insostenible de la vivienda y con la celebración de la riqueza como único valor social. En una búsqueda imposible del «hogar», la comunidad y la seguridad, la cárcel se presenta como la opción más segura; y la delincuencia y el crimen, como el pago de la entrada.

Considerar la cárcel como el hogar por defecto no se aleja mucho de lo que acaba siendo el turismo: un modo apenas disimulado de encarcelamiento en el ocio, una forma segura de escape sin huida. El valor que se da a la propiedad afecta al ocio. Pasarlo bien, un intangible, se materializa en una serie de objetos y servicios. El turismo ofrece la misma estructura ideológica que la que promueve la propiedad: sentir arraigo a través de la posesión de experiencias y aventuras.

A. y yo nos quedamos atónitos la primera vez que vimos una mesa de promoción del reclutamiento en el metro de Times

Square. Se nos acercaron dos hombres con uniforme militar. «Chicos, ¿os gustaría ver mundo?» Nos dieron una postal con la imagen de un avión surcando un cielo azul oscuro, con la leyenda: «Alístate en el Ejército, ve mundo». A. me comentó que desde que leyó *El aviador* de Saint-Exupéry había tenido ganas de volar. El eslogan del Ejército se dirigía a quienes no podían permitirse unas vacaciones, pero albergaban deseos de vivir aventuras.

Cuando me encontré con la estadística según la cual solo uno de cada siete estadounidenses tiene pasaporte, instintivamente asocié el temor y la fascinación por lo desconocido con la adoración por lo doméstico. La imposibilidad de viajar al extranjero y enfrentarse a la diferencia, la distribución desigual de la riqueza y la falta de acceso a la educación, se transforman en una devoción en Estados Unidos hacia «la mansión unifamiliar».

El Ejército ofrece una oportunidad barata de viajar a los jóvenes que anhelan salir de su entorno inmediato, pero que no tienen formación ni empleo, son pobres y no tienen vivienda propia. En cuanto a los ricos, el turismo les ofrece un escape, un parón en la rutina del trabajo. Aunque el turismo promueve valores de ocio y libertad similares a los de la propiedad, paradójicamente también implica otra forma de contención. El turista se mueve por parámetros fijos de espacio y tiempo: desde los itinerarios cerrados y los entornos seguros de los aeropuertos y las estaciones, hasta los controlados hoteles y complejos vacacionales, el turista se halla así recluido en una realidad diferente, a menudo confinado en el recinto del hotel, protegido de la cultura local y su posible inestabilidad política. También los hay que viven como turistas todo el año. Se construyen urbanizaciones donde viven comunidades internacionales protegidas de los residentes locales. El modelo del complejo vacacional reproduce en todo el mundo lo que nos es familiar lejos de casa. Así, la arquitectura de los hoteles presenta una decoración estándar, de marca, que reduce lo foráneo y lo convierte en algo conocido, casi doméstico. Las bases militares estadounidenses en otros países replican el modelo: la misma decoración y el mismo diseño arquitectónico; son una extensión del hogar y de la patria.

La cárcel es la alternativa para quienes no tienen presupuesto. De manera análoga al perverso uso del servicio militar como forma de turismo, la cárcel ofrece otra forma de conseguir un hogar sin tener familia. Estirando el argumento de la búsqueda desesperada de un hogar, se podría decir que la cárcel es la forma más popular de vivienda social de Estados Unidos: la gran solución.

En microescala, una forma de sentirse en casa es meterse en el otro, en su cuerpo o en su casa, con consentimiento o por la fuerza. Un delito cometido en casa de otra persona es un ataque a la vivienda, a lo que esa persona posee, pero también un recordatorio de aquello de lo que el agresor carece: un hogar. Psicológicamente, esta relación facilita que se cometan delitos contra la propiedad en la casa, tales como el allanamiento de morada o la violencia contra las personas que la habitan, porque el delito parece justificado. Atacar la casa de otra persona significa atacar indirectamente a dicha persona, su derecho a la intimidad. En este extremo, allanar el cuerpo de alguien, violar, es una forma de entrar en el hogar y en el cuerpo al mismo tiempo. El deseo del violador de sentirse como en casa se ve cumplido al estar dentro del cuerpo de otra persona, y al violar el cuerpo del otro le está negando su hogar. Sea un conocido de la víctima o no, el violador territorializa el hogar y el cuerpo ajenos, pues ocupa ambos espacios. El hecho de que el género de las víctimas de violación sea predominantemente femenino y que, tradicionalmente, el lugar de las mujeres sea la casa, parece identificar el hogar con el cuerpo de la mujer.

A partir de mi propia experiencia y de conversaciones con otras víctimas de violaciones, llegué a la conclusión de que el hogar siempre es un punto de referencia. Aunque el 75 % de las violaciones no ocurran en él, este sigue siendo su centro, con violaciones que tienen lugar en la casa de la víctima o cerca de la misma, aprovechando cualquier «excursión» de la víctima, como bajar la basura, hacer la compra o poner una lavadora en el sótano. La puerta está abierta y un hombre entra. O espera a que el portero vaya al servicio para entrar en el edificio y acechar en la lavandería, o sigue a la víctima y cierra la puerta tras ella cuando entra en el edificio, o simplemente sube al ascensor a la vez que la víctima y aprieta el botón de parar. Tal vez ocurra durante una actividad extraacadémica: al acabar la clase, la profesora de prácticas agarra a una chica de la mano; la chica está demasiado desorientada e intimidada para reaccionar; la mujer se la lleva a la residencia de estudiantes y cierra la puerta. Las violaciones que suceden en casa o cerca de ella son una forma de apropiación, de hacerse con algo que no pertenece a quien viola, y de marcar a una persona como parte de su territorio conquistado.

Puede que haya una cierta relación entre la ubicación de la violación y el nivel de violencia coercitiva. Las violaciones menos violentas y las que ocurren «sin violencia» a menudo se producen cuando el objetivo del violador es «sentirse como en casa»: se busca tanto el sexo como la autoafirmación. El sexo parece consentido, ganado a través de la negociación o la seducción; el violador busca aprobación. Las violaciones violentas desafían esa idea del hogar: la adrenalina se obtiene a través de romper las normas, de reducir a la otra persona por su diferencia, de convertirla en el otro, en el enemigo o en alguien inferior. En otras palabras, las violaciones «sin violencia» ponen el énfasis en la búsqueda del hogar, mientras que las violaciones con violencia se centran en la venganza, en la destrucción del cuerpo y del hogar del otro.

Las violaciones fuera o lejos del hogar se perciben como una forma de castigo, como si la víctima mereciera ser violada por haberse alejado de sus padres, de su pareja o de su casa. El violador se aprovecha de la vulnerabilidad de las mujeres: una mujer joven hace autoestop, el conductor le exige un pago sexual por el viaje. Una mujer conoce a un hombre en una discoteca o en un bar, parece digno de confianza y ella se va con él, solo para descubrir que la captación estaba planeada, y que los amigos del hombre la están esperando en la calle o en casa. A veces se aprovecha el cansancio extremo: una joven fugitiva, agotada de viajar, duerme en el sofá del amigo de un amigo, que abusa de ella, o la agreden en un albergue. En otras ocasiones, la violación tiene que ver con momentos de debilidad, como cuando cruzas un puente cargada de maletas y te ofrecen ayuda; una niña a la que agarran de la mano al entrar en un edificio; un niño jugando en una obra al que un obrero se lleva a un rincón.

Todos estos supuestos ocurrieron, me los contaron. En todos ellos el violador se venga de la víctima por haber renunciado a la seguridad de su hogar, de mujeres y niños por aventurarse en territorio desconocido.

Si el análisis de la violación se basa en la idea de prevenir situaciones de alto riesgo y quedarse en casa; o si se representa a «la víctima en alto riesgo de violación», como suele ocurrir con frecuencia al estudiar elementos frecuentes en este tipo de agresiones, tales como la raza, la pobreza o el estado civil, cabe la posibilidad de que en esa prevención muestre ceguera ante el más importante de los factores: la relación del género con el hogar (no hay distinción de género cuando la violación la sufren menores, y las mujeres son tratadas como menores cuando se abusa de ellas. La Unidad de Víctimas Especiales se ocu-

pa tanto de mujeres como de menores que han sido víctimas
de violación y otros tipos de abuso sexual). La violación viene
en gran parte definida por el género, y un análisis más certero
debería partir del hecho de que, para las mujeres, el hogar
constituye un entorno de alto riesgo.

Una de cada diez mujeres es víctima de violación. Las estadísticas parecen exageradas. Sin embargo, estas cifras son, al parecer, muy inferiores a las de la realidad. Entre todas las mujeres
que conozco lo suficientemente bien como para que se sientan
cómodas compartiendo este tipo de experiencias conmigo, la
mitad me dijeron que habían sido violadas en algún momento
de su vida. Mi amiga L. me dijo que cuando la violaron le vino
a la mente el pensamiento «ya está», como si la violación fuera
algo que todas las mujeres esperen que ocurra. La probabilidad es tan elevada que una mujer tiene que asumir que si todavía no ha sido violada, probablemente lo será en el futuro. Y que
si ya la han violado, puede volver a ocurrir. El fantasma de la
violación es indisociable de la condición de mujer.

Además del género, hay algunos factores secundarios que
también entran en juego en una violación. Un gran porcentaje
de las violaciones las cometen en casa familiares de la víctima,
lo que implica que los perpetradores no son psicópatas extraños, sino abusadores sistemáticos, lo que indica que algo falla
estrepitosamente en las estructuras sociales. El hecho de que
las violaciones tengan que ver con el poder y con la pobreza,
en especial con la pobreza del agresor, hace que, hasta cierto
punto, sean consecuencia por defecto de la explotación capitalista, y no solo consecuencia de la enfermedad mental. Aceptar
la relación que se establece entre las jerarquías de la estructura
social y las violaciones revela que la sociedad no solo no se
responsabiliza de asuntos como la seguridad en entornos do-
mésticos, sino que además es necesario repensar estructuras
sociales como la familia. Reconocer el factor económico de

una violación no solo implica que hay que intentar erradicar la pobreza, sino que existe la obligación de reconocer que la riqueza se entiende como mercancía, que afecta a todas las relaciones sociales y contribuye a la adquisición del otro como un bien más.

Si la riqueza es el valor primordial, el valor de la persona viene determinado por lo que esa persona posee. Si consideramos que los pobres no tienen ni riqueza ni valor, no solo la sociedad no los protege sino que se les puede poseer fácilmente. Dado que la criminalidad es a menudo una forma de apropiación, los delitos contra los pobres tienen como objetivo su cuerpo, lo único que tienen. Como consecuencia, las mujeres pobres, las más empobrecidas, son las más vulnerables.

Al revisar las cifras anuales de los diversos tipos de delitos, en distintas comisarías del Departamento de Policía de Nueva York en Manhattan el año 2007, identifiqué un patrón. En la comisaría número treinta de Harlem, el número de robos con violencia (316) superaba el de los hurtos sin violencia (211). En la comisaría número diecinueve del Upper East Side, el número de robos era de 206; sin embargo, los hurtos se multiplicaban por nueve: 1.643. El número de violaciones en la comisaría número diecinueve era la mitad de los que se produjeron en la número treinta.

En Harlem, como en otros barrios de ingresos bajos, los crímenes violentos están más presentes. En el Upper East Side, así como en otros barrios acaudalados, los crímenes no violentos contra la propiedad son más frecuentes que los que atentan contra las personas.

Al examinar la relación entre la frecuencia de los crímenes violentos cometidos contra individuos y los delitos no violentos cometidos contra la propiedad, así como su ubicación en Manhattan, se puede observar claramente que existe una zona donde predominan los crímenes violentos y otra donde predominan los delitos no violentos. La frontera mental que hay que cruzar para dañar un cuerpo se refleja físicamente en la calle 110, al norte de Central Park. Esta calle marca el límite entre una zona acomodada y un barrio de ingresos bajos. La mayoría de los delitos que implican daños corporales, como el asesinato, la violación y el robo a mano armada, ocurren al norte de la calle 110, en Harlem. No es que en Harlem haya más delincuencia que en otras zonas de Manhattan, sino que los delitos que ocurren allí son más graves. Analizando los informes de violación del Departamento de Policía de Nueva York de ambos barrios, queda claro que las probabilidades de ser víctima de una violación son mayores en Harlem.

Tal vez una violación en Harlem, a ojos del violador, parezca más susceptible de impunidad que otra cometida en el Upper East Side, ya que los residentes de Harlem están más acostumbrados a ser víctimas, y es menos probable que denuncien un acto de violencia. Puede que la policía se tome una violación más a la ligera en un barrio pobre que en uno rico. Un violador podría considerar la diferencia entre violar a una persona rica y a otra pobre, de la misma manera que podría decidir entre robar un diamante o una radio. Una víctima adinerada puede ser un reto, una forma de obtener un mayor provecho de una violación, pero también supondría una transgresión mayor. Violar a una persona rica es, desde luego, más arriesgado para el agresor, ya que no solo es más probable que lo denuncien, sino que seguramente se investigue el delito con mayor rigor. Así se crea un patrón de control y violencia que depende del estatus de la víctima y de su capacidad de responder al abuso que se comete contra ella.

Mi novio y yo decidimos vivir en Harlem en lugar de hacerlo en Greenpoint, aunque ambos barrios tenían unos precios de alquiler similares. Cuando elegimos un apartamento en Harlem, éramos conscientes de que tanto en el aspecto racial como en el cultural destacábamos en el barrio. Harlem nos resultaba más atractivo que Greenpoint. Pensando en ello ahora, «la diferencia» podía funcionar como un factor disuasorio a ojos del delincuente, porque conlleva cruzar un límite; aunque también podría ser un estímulo para un delito violento, ya que es más fácil percibir al «otro» como alguien «menos humano».

Hace algún tiempo, T., un exinspector, me envió un enlace a una página web en la que se mostraban las siguientes estadísticas:

> El índice de violaciones y abusos sexuales por cada 1.000 personas es significativamente mayor cuando los ingresos anuales de la familia de la víctima son inferiores a 25.000 dólares que si esos ingresos superan esta cifra. Las familias con mayor riesgo son aquellas cuyos ingresos anuales no superan los 7.500 dólares. Esta relación entre ingresos familiares e índice de violación y abuso sexual se da entre personas blancas; en el caso de los negros, los índices de violación y abuso sexual son similares tanto en las franjas que van de los 15.000 a los 24.999 dólares como en la franja de los 7.500 a los 14.999, y también en la de ingresos inferiores a los 7.500 dólares.

A pesar de la imagen ultraconservadora según la cual a las mujeres blancas las violan hombres negros, las estadísticas de violaciones muestran que los agresores tienden a abusar de personas de su misma raza. La suposición de que una mujer blanca tiene más probabilidades de sufrir una violación en Harlem, un barrio negro, es un estereotipo. Pero la suposición de que cualquier mujer tiene más probabilidades de sufrir una violación en Harlem, un barrio desfavorecido, está basada en hechos. Yo soy blanca y fui violada en Harlem, un barrio negro, a manos de un hombre negro. Esto es cierto y sucedió, pero también oculta parte de la realidad. La historia completa, la que captura toda la realidad, es otra: yo era pobre, y por eso me fui a vivir a Harlem, un barrio pobre; soy blanca, y me violó un hombre en Harlem; él era pobre, vivía en la calle y era negro.

Si tenemos en cuenta el desglose de la población carcelaria de la Oficina de Estadísticas Judiciales de Estados Unidos, a mediados de 2005, el año en el que el hombre que me agredió sexualmente fue condenado por dos violaciones, cerca del 4,7 % de los hombres negros estaba en la cárcel, comparado con un 1 % de hombres hispanos y un 0,7 % de hombres blancos. Estudios como *Incarceration and Employment Inequality among Young Unskilled Men* (Encarcelamiento y desigualdad en el desempleo entre hombres jóvenes sin formación), de Bruce Western, de la Universidad de Princeton, y Becky Pettit, de la Universidad de Washington, publicado en septiembre de 1999, mostraban que la mayoría entre ese 4,7 % de hombres negros que estaban presos eran jóvenes sin formación y desempleados. El informe podría malinterpretarse, como si sugiriera que el elemento determinante para que alguien sea encarcelado es la raza. De hecho, la pobreza es un factor más decisivo que la raza: la mayoría de quienes están en la cárcel carecen de formación cualificada y no tenían trabajo en el momento de ser condenados. El desglose del estudio de la Oficina de Estadísticas Judiciales de Estados Unidos sugiere una hipótesis basada en los prejuicios: los inmigrantes, los negros y los hispanos tienen más probabilidades de delinquir. Pero las estadísticas no abordan la conexión que hay entre delincuencia y pobreza. Para evitar la delincuencia, hay que abordar el problema de la pobreza; abordar el problema de la pobreza significa proporcionar formación, trabajo, buenos sueldos y beneficios sociales.

El hombre que me violó encaja en todas las categorías: es

joven, negro, no cualificado y desempleado, y ahora está en la cárcel, uno del 4,7 %. Es una coincidencia «perfecta». Con respecto a los datos penales, es irrelevante, pero me resultaba perturbadora. Esperaba que el trabajo de investigación condujera a su detención, y me sentí feliz y aliviada cuando supe que estaba en la cárcel, pero experimenté cierta rabia al ver que encajaba tan bien con estos estereotipos.

Si combinamos la devaluación por género con la pobreza, obtenemos el machismo. *Tómame* significa «hazme tuya durante una relación sexual». Al tomar a alguien a la fuerza, la violación no solo se relaciona con la apropiación, sino también con el abuso de las mujeres vistas como objetos. El machismo presenta al hombre como dueño de la mujer. Si la mujer es soltera, se percibe como que no tiene dueño, por lo que bien podría pertenecerle a quien se quiera apropiar de ella. La devaluación está aún más marcada si la mujer se ha separado recientemente de su pareja y está sola. En ese caso, se la percibe como un objeto abandonado que otros podrían aprovechar. En el mismo enlace que me envió el inspector T., en las notas sobre la relación entre violación y estado civil podía leerse: «El índice de víctimas femeninas de violación o abuso sexual es nueve veces mayor en mujeres divorciadas o separadas, y seis veces mayor en mujeres que nunca se han casado que en mujeres casadas o viudas».

Cuando me violaron, mi novio no estaba. Se había ido a España. Si el violador lo sabía, eso me convertía en una presa fácil, porque yo estaba sin un hombre que me protegiera o que reclamara su propiedad sobre mí. El violador declaró en un interrogatorio que tenía pareja de hecho. La declaración puede o no haber sido cierta, pero de todas formas sugería que el motivo de la violación no era el apetito sexual (ya que tenía pareja), sino el impulso de poseer a otras mujeres.

Muchos siglos de lucha por la liberación de la mujer, y

todas las batallas de mi vida en busca de la independencia, han quedado ahora diluidos. A pesar de la igualdad teórica, en la práctica las mujeres están en desventaja. Se las considera inferiores, algo menos que seres humanos, y se las degrada por su género. Circunstancias adicionales pueden devaluarlas todavía más: «Pobres, divorciadas o separadas, que viven en las afueras, de 16 a 24 años, tienen un mayor riesgo de violación». Si traducimos esto al lenguaje del violador, lo que nos queda es: mujer de escaso valor, usada y abandonada por otro hombre, desarraigada, independiente e insegura; con toda probabilidad, esta no me denunciará.

CÓMO EL AGRESOR FUE CONDENADO POR DOS VIOLACIONES

En otoño de 2003, informé a M. de que era probable que me decidiera a presentar cargos contra el violador, pero no tenía claro cuándo lo haría exactamente. Tenía que pensarlo con más detenimiento antes de actuar. Le pedí que me diera unos meses y le dije que me pondría en contacto con ella cuando lo tuviera claro. M. temía que si no actuaba justo después de la detención, nunca lo haría. Aunque comprendía su preocupación a este respecto, no quería dejar que la inercia de los acontecimientos me llevara a actuar de manera automática, siguiendo un procedimiento. El hecho de que el agresor estuviera en prisión, con una sentencia de ocho años, significaba que no suponía un peligro potencial para otras mujeres. No lo habían arrestado por mí tampoco, así que no sentía ninguna necesidad de actuar de manera apresurada.

Algunos meses más tarde, M. me escribió para preguntarme cuándo sería un buen momento para organizar la presentación de mi caso ante el Gran Jurado. Le respondí que tenía una agenda apretada, porque me iba a ir de Nueva York en un mes y tenía mucha presión por terminar la tesis, lo que no me dejaba tiempo para programar nada importante antes de irme. Su pregunta también daba por hecho que, finalmente, había decidido presentar cargos. Era una profesional y conocía el procedimiento y sus implicaciones; y yo, no. Yo tenía que entender lo que estaba a punto de hacer y las consecuencias de mis acciones. Lo más seguro era que presentara cargos, pero quería tomarme mi tiempo antes de adoptar una decisión tan importante.

No sabía cómo funcionaba el sistema jurídico estadounidense. ¿Tenía derecho a no presentar cargos o tenía la obligación de hacerlo? Quería tener una descripción paso a paso de lo que ocurriría si decidía seguir adelante. Necesitaba saber cuánto tiempo estaría mi agresor en la cárcel, y si la otra mujer ya había presentado cargos. Cuando me agredieron, yo no tenía ningún tipo de control sobre la situación. Ahora quería recobrar la sensación de control y ello suponía saber bien dónde me estaba metiendo antes de hacerlo. Tenía que entender el proceso de acusación antes de formar parte de él.

Habían pasado dos años y medio entre mi violación y la captura del violador. En ese tiempo, el caso permaneció sin resolver y el expediente cerrado. Era lo que la policía llama un «caso frío». En esos dos años y medio, había tratado de distanciarme de la inmediatez del delito, pero en realidad la violación impregnaba mi vida diaria. Tras perder mi casa, me mudé seis veces a vivir con amigos y compañeros de piso. Ahora, tras dos años de turbulencias, ya podía alquilar un apartamento para mí sola aunque, a diferencia del apartamento de Harlem, en el nuevo no quise, de momento, esforzarme por convertirlo en mi casa. Podía ser otro comienzo para mí, pero en cuanto me encontré una vez más sola en un nuevo piso, el fantasma de la violación volvió a aparecer; me preocupaba que algo volviera a desplazarme.

Aunque estaba contenta de que mi agresor estuviera en la cárcel, no tenía ganas de lo que me esperaba, tener que enfrentarme de nuevo a él, revisitar lo sucedido. En el fondo tenía la sensación de que mi vida diaria se vería de nuevo interrumpida. Estaba angustiada, volví a recordar el momento exacto en el que entré en mi piso hace dos años y medio y él apareció en la puerta con la pistola. Mi cuerpo reaccionó de nuevo sintiendo aquel miedo. El miedo a la muerte.

Me di cuenta de que si presentaba cargos, el violador sabría mi nombre. Le podía pedir a alguien que me matara, o esperar a salir de la cárcel para matarme él mismo. Estaba aterrorizada por volver a enfrentarme al violador, y por las consecuencias de un proceso judicial en el que yo iba a estar involucrada. La violación no solo es un delito, sino también una advertencia: ahora te he violado, la próxima vez te mataré. Aunque mis temores fueran irracionales, para mí eran reales.

Me puse una fecha límite para decidir si presentaba cargos o no. La acusación tenía que hacerse en los cinco años posteriores a la violación. Habían pasado dos años y medio, y me quedaban otros dos años y medio. En ese periodo, necesitaba terminar y defender mi tesis antes de septiembre de 2004 si quería doctorarme. Decidí retrasar mi decisión y utilizar esa fecha como límite para presentar cargos contra mi agresor o no.

Cuando fui a la policía y denuncié la violación, sabía que, si arrestaban al sospechoso, el resultado lógico sería presentar cargos. Pero presentar cargos no era un simple tecnicismo. Miré al pasado y volví a analizar las circunstancias de la agresión, y después miré hacia adelante, y tuve en cuenta las implicaciones que tendría el hecho de presentarlos. Fui a la policía y denuncié la violación porque tenía miedo (ese hombre había cometido un delito contra mí, y yo temía que volviera a cometer otro, conmigo o contra otra persona), y también porque acudir a la policía era mi única opción. No me cabe duda de que quería que encontraran al agresor, pero no estaba nada segura de estar de acuerdo con lo que vendría tras la detención. Asumir que si alguien comete un delito grave tiene que ir a la cárcel se basa en la idea de que el delito es una desviación en el comportamiento, y de que los delincuentes deben ser separados de la sociedad. Yo entendía la criminalidad como un proceso, no como una acción aislada o un comportamiento desviado, sino como la consecuencia de un sistema que produce delincuentes, y que se beneficia de ello.

Delinquir es procurarse algo de forma ilegal, aprovecharse de lo que uno puede hacer, en lugar de hacer lo que debe hacer. En la práctica, y en nombre del beneficio, el sistema capitalista desdibuja la distinción entre el poder y el deber, entre la capacidad de hacer y la moralidad de hacerlo, entre lo ético y lo legal, y convierte en admisible aquello que uno es capaz de hacer. El delincuente sigue la lógica consistente en aprovecharse de lo que resulta disponible; su fallo real está en ser hipercapitalista, al no ofrecer ninguna resistencia a la lógica del capital.

El sistema penal castiga la delincuencia, pero el sistema socioeconómico, con su exaltación diaria de la riqueza, celebra los principios de la criminalidad. La riqueza se basa en la expropiación. Casi todo lo necesario para sostener la vida, o casi todo lo que pueda convertirse en fuente de bienestar, cuesta dinero, y a menudo el criterio para emprender cualquier acción es la ganancia económica. El delito parte de la incapacidad de resistirse a las expectativas. Pero económicamente hablando, obtener para uno mismo todo lo que sea posible se percibe como la actitud del ganador, sin importar qué te llevas ni a quién estás dañando. El mantra del «tú puedes», tan característico del individualismo, alienta un comportamiento orientado a demostrar aquello de lo que uno es capaz, y se opone a la aptitud consistente en pensar bien lo que uno debe o quiere hacer: «yo puedo, pero ni debo ni quiero». El sueño americano ha sacrificado la igualdad y la fraternidad en aras de la libertad y el beneficio.

No era solo eso. Me disgustaban las continuas declaraciones del gobierno y los argumentos en la prensa en general, durante la administración del presidente Bush, sobre lo beneficioso que era el sistema vigente de castigos de privación de libertad e incluso la necesidad de aumentar la duración de los encarcelamientos. Durante los veinte años que van desde 1995 hasta 2015, en Estados Unidos el sistema de prisiones se ha convertido en una industria carcelaria gigantesca y lucrativa. Las condiciones de las cárceles, con su subcontratación a empresas privadas, son lamentables. Y el número de presidiarios, pese al descenso de la delincuencia, sigue en aumento, pues se alargan las penas de quienes ya están encarcelados. Tener presos es rentable para la industria carcelaria. ¿De qué van a vivir muchos pueblos situados en mitad de la nada si no es de la prisión? ¿Dónde van a trabajar los cientos de miles de personas que no tienen educación ni vocación y que, tras la robotización del trabajo, se encontrarían desempleados? La cárcel funciona literalmente como una fábrica. Se ofrecen contratas de servicios a precios muy bajos. Son muy normales anuncios que dicen cosas como «no vaya a China, ensamblamos sus productos en serie por 1,25 dólares por hora en nuestra prisión de Texas». Es un sistema y funciona, pero ¿tiene sentido? También me molestaba la retórica sobre el coste que el encarcelamiento le supone al contribuyente. Se ignoraba por completo el hecho de que las víctimas lleven toda la carga del delito sufrido. No solo pagan el precio emocional y físico, sino que literalmente se hacen cargo de las facturas.

Poco tiempo después de que la policía me llevara al hospital de St. Luke, recibí una carta en la que se me pedían los datos del seguro médico. Me cobraron el «kit de violación» en el que buscaron huellas de la agresión y recogieron muestras de ADN como prueba. Aunque había sido víctima de un delito, yo era la principal responsable de los costes de mi visita a la sala de urgencias. Un formulario de color rosa que me dieron con la factura, y que había que rellenar para la reclamación de los gastos, llevaba el membrete de la Junta de Víctimas de la Delincuencia del Estado de Nueva York; esta organización afirmaba ser el último recurso para cubrir los costes. «Por favor, recuerde que nuestra Junta es el último recurso. Por lo tanto, antes de presentar la factura a la Junta es necesario haber agotado hasta el final los gastos cubiertos por cualquier seguro del que disponga el demandante.»

La Junta solo pagaría si yo no tuviera seguro. Tenía uno, pero me indignaba que hubiera que pagar para que se recogieran pruebas. Se trataba de otra forma de humillación. Me enfurecí. Pensé en la gente que no tiene seguro, y en la vergüenza de reconocer que no tenerlo supone depender de la beneficencia para pagar las facturas. Me preguntaba si algún día nos cobrarían el coste de procesar a nuestro agresor y el de su mantenimiento en la cárcel.

En respuesta a mi solicitud a la Junta de Víctimas de la Delincuencia, unas semanas después de la agresión recibí una carta con un membrete que decía: «Decisión sobre pago único». Debajo de donde decía «motivo de la decisión» podía leerse: «La demandante es una mujer de treinta y cinco años que sufrió abuso sexual el 25 de enero de 2001 en Manhattan, Nueva York. La cifra total de propiedad personal básica perdida es de 30 dólares». Al poco tiempo recibí un cheque por treinta dólares. Según esto, los treinta dólares robados era todo lo que el agresor me había quitado.

Entre los meses posteriores a mi conversación con M. y mi defensa de la tesis, usé el trabajo para estudiar mis miedos.

Mi tesis se transformó en un análisis de la cultura y de las paradojas que conlleva el ser incapaz de enfrentarse directamente al hecho más importante de la vida humana: su límite.

Mientras visitaba la Bobst Library de la Universidad de Nueva York, que ofrece acceso abierto a muchos de sus archivos, y permite que te muevas libremente entre las estanterías, abrí todos y cada uno de los libros relacionados con violaciones y muerte, sin saber qué estaba buscando exactamente. Como me enfrentaba a la idea de demandar al hombre que me había violado, consulté libros de criminología y de derecho, y leí sobre la duración de las sentencias por violación en distintos estados, que iban de seis años a un máximo de veinte. En algunos estados, vi que el efecto que tuvo aumentar las penas fue que el número de violaciones disminuyó entre los diez y los veinte años siguientes. Tal vez una sentencia más larga funcione como medida disuasoria a la violación, ya que consigue que los agresores potenciales se lo piensen dos veces antes de delinquir. Pero también me di cuenta de que en esos mismos estados aumentó el número de asesinatos. ¿Por qué creció el número de asesinatos si la delincuencia en general no iba en aumento? No utilicé estas investigaciones fortuitas en mi disertación; yo no tenía formación en derecho, solo leía estudios que captaban mi atención y solo en esta biblioteca en particular, por lo que estos datos no constituían un estudio ni formal ni académico. No obstante, lo que leí bastaba para hacerme pensar en la posible relación entre los casos de violación y la duración de las penas, con el hecho de que la violación vaya seguida de asesinato.

Esta tendencia, en la que el índice de asesinatos aumenta a medida que el número de violaciones disminuye, puede haber seguido la siguiente lógica: que las mujeres fueron violadas y asesinadas. Pero no tenía forma de ratificar cuántas víctimas de asesinato fueron antes violadas. Si una persona es víctima de más de un delito, las estadísticas del gobierno de los Estados Unidos solo recogen el más grave.

La idea de que un violador, por miedo a una condena larga, decida que la forma más segura de silenciar a la víctima es matándola, sigue una lógica, pero también es una locura, ya que reduce a un ser humano a un mero obstáculo y eleva el asesinato a la categoría de simple medio para deshacerse de algo molesto. Matar a alguien para hacerle callar es desproporcionado. El asesinato es el delito por excelencia, no tiene vuelta atrás. Los restos de un asesinato, el cuerpo, son pruebas físicas; sobre todo comparadas con las huellas de una violación, que pueden ser invisibles. Psicológicamente, matar a alguien es cruzar el límite supremo. Me preguntaba si las leyes que establecen las condenas por violación tendrían un efecto disuasorio. En distintos momentos, traté de ponerme en la mente del hombre que me violó: antes de que la violación ocurriera y si la había planeado; después de la violación, tanto en los meses sucesivos cuando regresó a mi antiguo apartamento, como en los años posteriores, cuando ese hombre ya estaba en la cárcel.

En otoño de 2004, un año después de que detuvieran al agresor, regresé a Nueva York para dar clase. Quedé con M., la procuradora. Me dijo que otra mujer que había sido agredida por el mismo hombre que me atacó había presentado cargos por violación y habían sido desestimados. M. estaba pensando en combinar su caso con el mío y llevar ambos ante el Gran Jurado.

La otra mujer era una inmigrante mexicana que formaba parte del personal de la limpieza en el hotel de Harlem donde la habían violado. Diez años antes, cuando fui por primera vez a Londres a estudiar inglés, había trabajado de camarera de hotel. Además de haber sido agredidas las dos por el mismo hombre, y a pesar de nuestras diferencias, teníamos algo en común: las dos éramos pobres, y por eso estábamos en Harlem. Ella era pobre y de clase trabajadora. Yo era pobre, aunque privilegiada; yo tenía una educación y una curiosidad muy acentuada, y solo quería trabajar en lo que de verdad me resultaba importante. Con lo que ganaba dando clases de profesora asistente en la universidad tenía para vivir, pero muy justo. Según estándares americanos, mi sueldo estaba por debajo del nivel de pobreza, y probablemente fuera inferior a lo que ella ganaba en el hotel.

Decidí presentar cargos. El 21 de diciembre de 2004, M., la procuradora, y yo fuimos al edificio del juzgado de lo criminal situado en Hogan Street. Los miembros del Gran Jurado estaban dispuestos en semicírculo, como espectadores en un anfiteatro romano. Detrás de los miembros del jurado, en un estrado, se encontraba el juez. Yo estaba abajo, en la arena. El Gran Jurado es el jurado indagatorio que investiga si hay indicios suficientes de delito como para iniciar un procedimiento judicial; es decir, juzga a la víctima. Juré decir la verdad, toda la verdad y nada más que la verdad. Los miembros del jurado eran unos veinte, y parecían tener edades comprendidas entre los treinta y los setenta años. De ellos dependería determinar si lo que les iba a contar era creíble, y, por tanto, si aceptarían o desestimarían los cargos que quería presentar. Había muchos ojos puestos en mí. Oía el eco de mis palabras retumbar en la habitación. Los miembros del jurado tenían un aspecto muy serio y estaban sentados todos muy quietos, completamente inmóviles, hasta que llegué a la parte sexual de mi narración. Entonces el sonido de los cuerpos revolviéndose en las sillas llenó la sala. No pronuncié la palabra violación. No utilicé adjetivos. No puse muecas de dolor ni me atusé el pelo, ni aceleré el ritmo al hablar. Hablé despacio. No hice mención de lo que sentía o pensaba, no dije «fue horrible». Me limité a los hechos. Pero en ocasiones me tembló la voz.

«Y el hombre salió de mi cuerpo después de llegar al orgasmo.»

No tenía intención de decir esa palabra. Tendría que haber usado un término más técnico: eyaculación. Pero en ese momento no me vino a la cabeza. Acabé cabreada conmigo misma. El orgasmo implica placer y evoca al sexo, en lugar de hacer pensar en la violación. Y yo hablaba de una violación. El ambiente era tenso, solemne y frío. Nadie preguntó nada. Me miraban fijamente, como si estuvieran en estado de shock. No hubo ningún movimiento entre los miembros del jurado. Las paredes de la sala estaban forradas de madera y el suelo era de corcho. La sala era una sala dentro de otra, y las dos puertas, una de ellas justo detrás de mí y otra a mi izquierda, llevaban a espacios intermedios, antes de conducir a un recibidor común. Lo que se dijera ante el Gran Jurado debería mantenerse en secreto, se quedaría allí.

Cuando terminé, la fiscal del distrito me agarró por los hombros y me condujo hacia afuera. Cerca de la salida, un señor mayor que trabajaba allí me ofreció un pañuelo de papel. Él también tenía los ojos llorosos. La fiscal y yo salimos del edificio, nos abrazamos y nos deseamos una feliz Navidad y un próspero año nuevo.

A medida que pasaban los meses, me empecé a angustiar, seguía sin conocer la decisión del Gran Jurado. Comencé a cuestionarme si mi falta de emoción habría tenido un efecto adverso, pensé que tal vez no me hubieran creído. El caso se aceptó y el juicio se fijó para el 22 de abril de 2005. El agresor se declaró culpable de las dos violaciones, así que no hubo necesidad de juicio. Se me dio la opción de enviar mi declaración o leerla en el juzgado. Decidí leerla en persona.

El 6 de mayo de 2005, M. y yo fuimos al 111 de Centre Street. Habían pasado cuatro años desde la agresión, hicieron falta dos y medio para encontrar al agresor, un año más para que yo decidiera presentar cargos, y además varios meses para que aquel hombre fuese finalmente imputado. La mañana que iba a leer mi declaración en el juzgado sería la segunda vez en que el agresor y yo íbamos a estar en la misma habitación. Pero a diferencia del día de la violación, estábamos en una sala abierta al público y yo podía decir lo que sentía y lo que pensaba. Entré por la parte de atrás de la sala, y me senté en la segunda o tercera fila. Él entró por la parte delantera, a la derecha, y se sentó en primera fila. Se quedó mirando al suelo y yo solo podía verle la espalda. Antes, la fiscal se había asegurado de que yo no iba a gritarle o insultarle. La fiscal no tenía conocimiento previo de mi declaración. Me hizo sentar a una mesa en la parte delantera del juzgado. Comencé a hablar, pero no se me oía bien. M. me dijo que volviera a empezar, que hablara más alto y más despacio. Así lo hice. Se hizo el silencio en la sala y, cuando terminé, el silencio era absoluto:

> En el acto de presentar cargos, mi identidad queda al descubierto. Tengo un nombre, soy un sujeto reconocible, una persona. Esto debería concienciar a mi agresor de que soy una persona, y del daño que su acto violento me ocasionó. Pero también implica que sabe quién ha presentado cargos. Temo una nueva agresión.

En lugar de culparlo a él, analicé con calma el daño que había hecho con su agresión. Expliqué que la relación con mi pareja se vio afectada y finalmente, tras algún tiempo, acabó. Que durante años me sentí como una refugiada sin hogar. Que perdí la esperanza y la confianza en mí misma, que estaba triste constantemente y que no era capaz de sentir entusiasmo de ningún tipo. Que me sentía desconectada de todo el mundo y terminé aislándome. Que cambió mi percepción de la vida: ya no esperaba el futuro con ilusión, no disfrutaba del presente y a menudo pensaba en la muerte. Que vivía con miedo, siempre y en todo momento. Quería que el violador escuchara el efecto que produjeron sus actos en mí, y también quería que el juez comprendiera que la violación había tenido lugar sin un exceso de crueldad ni violencia. Compartí con los presentes el temor que había sentido por mi vida, mi preocupación porque otras mujeres fueran violadas, y hablé de mis miedos acerca de la duración de las condenas:

> Este delito no es algo racional. Estuve secuestrada en mi propia casa, obligada a contenerme a mí misma, a estar en silencio, fui violada. Él actuó con crueldad (me amenazó de muerte) y me humilló (al convertirme en un objeto, al violarme), pero no más de lo necesario para conseguir lo que quería, no en exceso. Fue un acto violento, porque una violación es un acto violento, pero él no se mostró agresivo. No lo odio como persona, pero sí odio lo que hizo. Ese acto no solo es ilegal, sino que además es injusto y está mal. Pero aun así no debemos olvidar la complejidad de los hechos ni desestimar la circunstancia de que cada uno de nosotros es una persona y debe ser tratado como tal. Creo en la fuerza de la humanidad para cambiar a los individuos y el mundo, por lo que expreso mi voluntad de que la sentencia no sea excesiva, y más bien corta que larga.

Entendía el sistema legal como una forma de zanjar los problemas, de hacer borrón y cuenta nueva. Me enfrentaba al riesgo de que mi argumento se malinterpretara, que entendieran que yo venía a decir que no me habían violado. Pero no quería simplificar los problemas, porque yo era la víctima. Quería ser tan justa como si no me hubiera ocurrido a mí, pretendía no caer en la tentación del exceso, ahora que tenía la oportunidad de hablar. Lo hice por miedo, pero también por honestidad. Al pedir que la pena fuera corta en lugar de larga, puede que me arriesgara a que mi agresor viniera a por mí más pronto que tarde. Estaba muy cansada de vivir con miedo. Cuando abandoné la sala, me sentí como si fuera intocable.

EL PLEITO CIVIL POR SEGURIDAD INADECUADA

La demanda civil contra mi casero se inició en 2001, y duró hasta finales de 2006. El procedimiento, la secuencia de los acontecimientos y todas sus fases aún me resultan difíciles de entender con nitidez.

Lo único que me sigue quedando claro es que se trataba de una demanda por negligencia.

Como respuesta, la defensa alegó que yo había permitido que el agresor entrara en mi piso, y que la agresión fue, por tanto, fruto de mi propia negligencia. Argumentó, simplemente, que no cerré enseguida la puerta tras de mí, sino que primero fui a dejar la compra y luego regresé a cerrar la puerta. Mi argumento era que dejar las bolsas antes o después no tenía importancia, porque la puerta no se cerraba con solo empujarla. Al llegar a casa con la compra, y tener, por tanto, las manos ocupadas, y sin haber visto que alguien me siguiera, lo más natural era dejar las bolsas y luego cerrar la puerta con llave, puesto que no era posible cerrar la puerta con llave sin dejar antes las bolsas. No sé cómo accedió el agresor al edificio principal, pero es posible que subiera por el edificio adyacente y pasara al mío por la azotea, ya que no tiene ni cierre ni alarma; o puede que ya estuviera en mi edificio, aprovechando que la cerradura de la puerta del portal estaba rota, y que se hubiera situado en algún punto estratégico de la parte superior de la escalera, viendo y sin ser visto, esperando una oportunidad. De cualquier forma, el casero era responsable de la carencia de las condiciones de seguridad del edificio, que exponía a los inquilinos ante los agresores.

Hasta que inicié este pleito no sabía que el casero tiene la obligación de que todas las puertas del edificio, incluyendo las de los apartamentos, sean de cierre y bloqueo automático. Mis quejas ante los administradores de la finca se habían centrado en la falta de cerrojos o en que las cerraduras de las puertas de la azotea y de la entrada estaban rotas. Solo cuando estaba preparando mis alegaciones y tuve acceso al registro de quejas de los inquilinos, donde pude conocer algunas de las infracciones reglamentarias del edificio, me enteré de que los caseros estaban obligados a instalar puertas de autocierre y autobloqueo, o sea, puertas que se cierren solas, sin empujarlas y sin necesidad de hacerlo usando la llave.

Había una complicación adicional, y es que la violación había tenido lugar unas horas antes de que el edificio fuera vendido a un nuevo propietario. El casero original poseía múltiples viviendas en Nueva York, Pensilvania y Florida. Los periódicos locales decían de él que era un típico *slum landlord*, un rastrero explotador de inquilinos cuya única intención es obtener el máximo beneficio económico posible, mediante la táctica consistente en desatender el mantenimiento de sus propiedades, generalmente situadas en zonas humildes de la ciudad y en barrios bajos. El portero que trabajaba para el dueño original informó a mi abogada de que había advertido al casero de los problemas de seguridad, especialmente cuando vio que había drogodependientes entrando y saliendo del edificio. Además, varios meses antes de mi violación, a un inquilino le habían robado y amenazado dos hombres armados con navajas y armas de fuego. Este inquilino también informó al casero de los peligros que tenía el que las puertas del edificio no se pudieran cerrar.

Mi casero original, el vendedor, había dejado que caducara el seguro del edificio bastante antes del día en que lo vendió. El nuevo propietario, el comprador, tenía un seguro de responsabilidad que cubría el día de la violación, pero no tenía responsabilidad legal, según el derecho común, sobre las condiciones en que estaba la propiedad adquirida, ya que no había tenido oportunidad de modificar esas condiciones. No obstante, el nuevo casero era letrado, tenía experiencia en el campo inmobiliario y había redactado el contrato de venta. Había recibido un informe de un ingeniero que enumeraba las infracciones del código de edificación que se daban en el edificio, incluidos los problemas de las puertas carentes de cierre automático. A pesar de estos informes, el nuevo propietario, por contrato, había accedido a eximir de responsabilidad al vendedor por cualquier cosa que ocurriera en el edificio el día de la venta. Mientras que el nuevo propietario había insistido en que el vendedor reparara la caldera para evitar incurrir en infracciones por falta de agua caliente y calefacción, no le había exigido que resolviera el problema de aquellas infracciones relacionadas con los defectos y carencias de seguridad. Aunque alguien pueda sentir empatía por el nuevo propietario, pensando que la buena suerte del casero anterior era la mala suerte del nuevo, si se profundiza en el análisis de la situación, se puede apreciar que parecía haber malas prácticas por ambas partes. La transacción se llevó a cabo con la expectativa de que no hubiera quejas a las que responder en el día de la compra.

Cuando mi abogada se enteró de que la compra había tenido lugar el mismo día de la violación, incluyó a ambos caseros como demandados en nuestro pleito. Dado que entraban en juego fuertes obligaciones legales y que mis lesiones eran significativas, resultaba importante establecer si el responsable era el antiguo casero (el vendedor del edificio) o el nuevo casero (el comprador). La postura de mi abogada era clara: el nuevo dueño era responsable. Me explicó que el contrato, redactado por el nuevo propietario, lo hacía legalmente responsable de pagar cualquier tipo de compensación que estableciera el jurado.

El tribunal emitió un fallo a mi favor; encontró al casero culpable de negligencia por no haberse ocupado de la seguridad del edificio, y estableció que no se me podía atribuir ninguna responsabilidad por la agresión. No obstante, el tribunal de primera instancia votó en contra de la alegación de mi abogada y decidió que, a pesar de que el contrato otorgara al nuevo propietario la responsabilidad de cualquier perjuicio que se produjera en el edificio el día de la compra, le competería a un jurado decidir si el propietario vendedor estaba enterado de la violación en el momento en que se cerró la venta. Si el jurado descubría que tenía conocimiento de la violación y no se lo había comunicado al comprador, se le haría responsable, a pesar del contrato de venta.

Mi abogada apeló contra la orden del juez, y lo fundamentó diciendo que el propietario con el que yo tenía relación era mi casero original, el vendedor, que tenía la responsabilidad del mantenimiento del edificio, mientras que el comprador, por contrato, era responsable de indemnizar al vendedor y, por lo tanto, el comprador tendría que pagar. Basándose en este recurso, los tribunales decidieron que ambos caseros podrían ser defendidos por abogados y tomar parte en el juicio como acusados independientes, lo que conllevaría un retraso significativo en la resolución del caso.

Otro aspecto importante en cuanto a la responsabilidad legal estaba relacionado con el artículo 16. Mi abogada me dijo que actualmente, en Nueva York, en casos en los que la víctima de una violación demanda a su casero por seguridad inadecuada y se detiene al violador, se requiere al jurado para que reparta la responsabilidad entre el casero y el violador, incluso aunque la víctima no haya demandado al violador. Añadió que se exige al jurado que responda a una pregunta en la ficha que debe ser cumplimentada por quienes emiten el veredicto: ¿Qué porcentaje de culpa se otorga al casero negligente y cuál al violador?

Con anterioridad al juicio programado para la demanda civil, mi abogada se entrevistó con el violador cuando ya estaba en la cárcel. Le explicó que me iba a representar en un pleito contra mi casero por seguridad inadecuada en el edificio, y que quería preguntarle si él estaba ese día en la azotea.

VIOLADOR: Vaya. ¿Y si me niego y no quisiera contar la verdad?

ABOGADA: ¿Cómo dice?

VIOLADOR: Digo que qué pasa si me niego y no quiero contar la verdad, ¿qué pasa si ya no quiero tener nada que ver con todo eso?

ABOGADA: Bueno, está en su derecho. Solo le estoy pidiendo si podría decir la verdad. No le estamos denunciando, estamos denunciando al casero. Es más, diría que el casero está, de hecho, afirmando que no es responsabilidad suya, sino de usted. Pero contra usted no hemos presentado ninguna denuncia.

VIOLADOR: Vaya, no sé. No sé. No sé qué decir. De verdad, no quiero participar en esto, ¿vale?

ABOGADA: Bien. Bueno, ¿podría decirme si ese día estuvo usted en la azotea?

VIOLADOR (*se ríe*): Vaya. No sé si debería decirlo.

ABOGADA: ¿Por qué? ¿En qué le afecta?

VIOLADOR: ¿Cómo?

ABOGADA: ¿Cómo podría perjudicarle?

VIOLADOR: No me perjudica, pero no quiero hablar, no sé, ¿me entiende? No quiero involucrarme en nada de eso, y no creo que tenga obligación de ayudar a nadie a salir de ninguna situación, ¿vale?

ABOGADA: Vale. Yo solo... bueno, en cierto modo le estoy pidiendo ayuda, sí, pero solo le pido que me diga la verdad.

VIOLADOR: Bueno, no sé cuál es la verdad. No sé. Porque puede que los otros... ¿conoce a esa gente que me escribe?

ABOGADA: Bueno, hay otros dos despachos de abogados...

VIOLADOR: Vale, pero ¿sabía que mantienen correspondencia conmigo?

ABOGADA: No, no lo sabía.

VIOLADOR: Bueno, pues sí, también lo han hecho y de verdad que yo no quiero... ¿me entiende? rechazarlos, ¿vale?

ABOGADA: ¿Qué quiere decir?

VIOLADOR: Porque puede que me ofrezcan algo..., alguna cosa, ¿entiende? No sé seguro...

ABOGADA: Ya veo.

VIOLADOR: ¿Vale? Así que no quiero, ¿me explico?

ABOGADA: O sea, que si le ofrecieran algo, ¿estaría dispuesto a contarles lo que quieren oír?

VIOLADOR: No lo que quieren oír, pero les contaría la verdad.

ABOGADA: Ya veo.

VIOLADOR: ¿Me entiende?

ABOGADA: No nos está permitido ofrecerte nada... No estoy autorizada...

VIOLADOR: Yo. Esto... yo, quiero decir, no sé. No sé el qué. No sé. Es decir, tengo mucho tiempo para pensar en eso, así que no sé.

ABOGADA: ¿A qué se refiere?

VIOLADOR: Digo el tiempo en la cárcel. Tengo mucho tiempo, ¿vale? Así que...

ABOGADA: Claro.

VIOLADOR: No sé, no veo que tenga... ¿sabes?, ayudar a alguien, no veo que..., no sé, que tenga sentido hacerlo. ¿Vale? Pienso todo el día en el tiempo que voy a pasar en la cárcel, y...

ABOGADA: ¿Así que le echa la culpa a Jana?

VIOLADOR: No he dicho eso.

ABOGADA: Ya.

VIOLADOR: No he dicho eso, para nada... Bueno, no sé, señorita. De verdad que no sé.

ABOGADA: Bueno, ¿quiere que le vuelva a llamar? ¿Llamo mañana y se lo pregunto otra vez?

VIOLADOR: ¿Por qué? ¿Lo que diga tiene tanto valor como para cambiar las cosas? (*Se ríe.*)

ABOGADA: Pues sí, puedes cambiar mucho las cosas.

VIOLADOR: ¡Vaya! (*Se ríe.*) ¡Dios mío! (*Pausa.*) A ver, no me van a convertir en el buen samaritano por esto, ¿vale? así que no veo qué beneficio saco yo, en serio. A ver, y sé que a usted le puede ayudar. Pero tampoco diría que le debo esto a nadie, así que no sé, yo, voy a decir que no es que no me sienta cómodo haciéndolo, pero no sé, no sé. No sé...

Mi abogada posteriormente argumentó lo siguiente:

> La ley de reparto de responsabilidades penaliza a las víctimas de violación por cooperar con el orden público para detener y condenar al violador [...] Al permitir que los diversos propietarios argumenten que el delincuente es responsable, se actúa en contra del interés de la sociedad, pues no se exige a los propietarios que asuman la responsabilidad de proteger a las personas de una agresión previsible en sus instalaciones. La ley de reparto también impide que la sociedad pueda proteger sus intereses y asegurarse de que una víctima inocente obtenga las compensaciones adecuadas a los daños sufridos, ya que los delincuentes que son procesados y condenados normalmente carecen de los recursos económicos necesarios para pagar a la víctima. La ley de reparto deja a la víctima sin compensación y exime al propietario de la responsabilidad de proporcionar seguridad.

Aunque a la sociedad le interesa que los caseros actúen de acuerdo con la ley y que las víctimas reciban compensaciones justas por los daños recibidos, también percibe a los delincuentes como los únicos autores del delito. Es más fácil aceptar que la violación solo tuvo lugar por decisión del violador.

La conversación citada entre mi abogada y el agresor ponía de manifiesto los fallos del artículo 16. Gracias a este artículo, se produce una situación irónica en la que un violador condenado aún se encuentra en posición de ejercer algún tipo de poder sobre la víctima. A modo de venganza, o si el casero tuviera una intención corrupta, por una pequeña contraprestación, o, incluso por una recompensa, cualquier agresor podría aceptar la total responsabilidad por un delito, eximiendo así al casero de toda obligación económica. La víctima puede ser victimizada de nuevo, tanto por parte del agresor como por la del casero, que no la protegió en primer lugar. El artículo 16 es la clave potencial de este abuso. La propia existencia de un artículo que regula a escala legal las relaciones y obligaciones económicas entre el casero o propietario y un violador, da una pista de cuántas violaciones ocurren en apartamentos y dentro de edificios.

Cuando mi abogada presentó la demanda por primera vez, me pareció que la compensación que pedía era desorbitada, pero luego me di cuenta de que se trataba más bien de un tecnicismo que formaba parte de la demanda y que no era una cantidad que realmente esperara conseguir. Más adelante comprendí que el hecho de que te adjudiquen una compensación por daños tras la sentencia judicial también es un tecnicismo; que sea concedida por parte del juez no quiere decir que la vayan a pagar. La parte legalmente responsable puede declararse insolvente, o puede que sus bienes estén ocultos, lo que requeriría otra larga batalla legal para conseguir que alguien pague la compensación que se atribuye por ley.

La evaluación de los daños se hizo principalmente de acuerdo con la definición de la ofensa. A pesar de que yo declaré haber sufrido una pérdida emocional, y de que no hablé de pérdida profesional, varios elementos secundarios fueron tácitamente tomados en consideración. En términos legales, una persona es lo que posee. Mis ingresos eran bajos. Había sido estudiante durante los tres años anteriores, y solo trabajaba a tiempo parcial. Una persona es cómo y dónde vive. Yo vivía en Harlem porque era lo que me podía permitir; pues los alquileres en ese barrio eran relativamente baratos. Si hubiera vivido en el Upper East Side, en un edificio con un portero elegante, la compensación seguramente habría sido más elevada. Curiosamente, mi formación, que alcanzaba el nivel de posgrado en universidades de prestigio, no jugaba en mi favor; me hacía parecer menos empática y poco necesitada de compensación. Con dos caseros implicados, el violador en la cárcel y la decisión del reparto de responsabilidad en manos del jurado, el resultado era impredecible. A solo unos días de la fecha del juicio, me di cuenta de que la compensación económica iba a ser menor de lo que en principio había pensado. Había otro elemento que no había considerado antes. Me di cuenta de que era tabú ponerle precio a la pérdida emocional. Yo no entendía el dinero como una forma de compensarla, puesto que eso era imposible, sino como una forma de superar las dificultades derivadas de la pérdida emocional.

No se me pasó por la cabeza que no iríamos a juicio y que aceptaríamos un acuerdo extrajudicial. Esperaba una victoria, pero en ese punto, y teniendo en cuenta lo complicada que era la situación, comprendí que un acuerdo era la solución más segura. Al mismo tiempo, me sentía frustrada. Un acuerdo no era tan satisfactorio como ganar un juicio. Sentí como si me hubiera rendido y estuviera aceptando una cantidad que no era ni de lejos lo que me había imaginado al principio. En un acuerdo, ambas partes llegan a una decisión que se aleja bastante de lo que sería óptimo para cada una de ellas. Pero para poder ganar, hay que apostar. Un acuerdo es algo tangible y tiene fecha de finalización. Mientras me explicaba los detalles del caso, mi abogada debatió conmigo la cantidad mínima que aceptaría en el acuerdo. El caso se resolvió extrajudicialmente, un día antes de la fecha de la vista, en noviembre de 2006.

Durante los seis años posteriores a mi violación, mi vida se había limitado a terminar una tarea pendiente: llevar a juicio al violador y al casero. Decidí seguir viviendo en Nueva York hasta que detuvieran y condenaran al violador y se resolviera la demanda civil. Durante esos seis años puse en pausa mi vida, sin llegar a tener una vida plena. Continúe con mi trabajo artístico y arquitectónico, incluso seguí escribiendo, pero no emprendí proyectos a largo plazo ni entablé nuevas relaciones sociales. No llevaba una vida activa, sino en espera. Además, presentar cargos y una demanda afectó también a mi carrera profesional y a mi estado emocional. Me centré en temas relacionados con la violación, la prevención del delito, los lugares en los que ocurre y los derechos de los arrendatarios. Pero lo que me destrozó la vida no fueron los pleitos, sino la propia violación. En los días que siguieron al acuerdo de la demanda civil, pude entrever retazos de la persona que había sido. Me reía. Era feliz. Ya había experimentado una confianza similar cuando el violador fue condenado y sentenciado.

DERROTADA POR NUEVA YORK

UNO DE LOS «DIEZ PEORES CASEROS» DE NUEVA YORK,
ACUSADO DE UN DELITO ESTATAL

En enero de 2007, solo unos meses después de llegar a un acuerdo extrajudicial en la demanda civil, mi casero original tuvo que enfrentarse a un pleito, acusado de haber usado un número falso de identidad en un préstamo multimillonario y de haber evadido impuestos. En el *New York Post* dijeron de él que era «uno de los peores caseros de la ciudad», y en la crónica judicial afirmaban que había pasado casi un mes en la cárcel por no suministrar calefacción ni agua caliente a los inquilinos de algunos de sus bloques de pisos.

Durante los meses que duró el juicio, ese casero, Steven Green, fue noticia. El *St. Petersburg Times* publicó extractos de los testigos presentados por la defensa. Lorraine Bracco, actriz de *Los Soprano*, escribió:

> Su señoría, por desgracia hay personas muy malas en este mundo, pero Steven Green no es una de ellas. Todos cometemos errores y él ha hecho todo lo posible por enmendar los suyos. Steven Green es una persona muy especial y su lugar no está en la cárcel. Es inteligente, intuitivo, interesante, siempre ha sido un gran apoyo para sus amigos [...]

Joseph S. Gordon, director de desarrollo del Shield Institute, declaró:

> A lo largo de los años, Steve ha organizado numerosos eventos que han resultado exitosos y memorables. Puedo hablar de primera mano de su papel como organizador de eventos en la primera subasta de arte benéfica de nuestra organización, y la consiguiente exposición que se celebró la primavera pasada. El acto recaudó cerca de 150.000 dólares en contribuciones y ventas, y centró su atención en el talento creativo de los artistas con discapacidad, cuya obra constituyó el eje central de la velada. Steve fue el motor de la recaudación y la publicidad, y desempeñó un papel crucial esa tarde como presentador principal.

El 20 de febrero de 2007, un día después de que se publicaran estos testimonios, Jeff Testerman, reportero del *St. Petersburg Times* y seguidor constante de la cuestionable conducta de mi casero, publicó un artículo titulado «Filántropo... y fraude. Un juez sopesará sus obras benéficas y sus delitos». Escribió:

> En una gala benéfica celebrada en el Hotel Plaza de Nueva York, Steven Green se puso el esmoquin, sonrió y saboreó el momento [...] Green comenzó su improbable viaje hacia ese evento trabajando en la construcción. Fue dependiente de una tienda de comestibles, se saltó la universidad y construyó un imperio inmobiliario a partir de edificios ruinosos. A sus 37 años, administra una cartera inmobiliaria de sesenta y cinco millones de dólares, ha dormido en mansiones valoradas en cinco millones de dólares y ha asistido más de una vez a reuniones de esas que se celebran en un jet privado Cessna Citation. Pero mientras era tratado con honores en el Plaza, los secretos de la otra faceta de Steven Green comenzaban a

ser desvelados. En Amberwood, un complejo inmobiliario de la ciudad de Tampa que era de su propiedad, se declaró un incendio. La policía de Hillsborough averiguó que el edificio infringía innumerables artículos del reglamento de prevención de incendios.

En un blog del programa radiofónico de Daniel Ruth, un columnista del *Tampa Tribune*, escribió la siguiente entrada:

Gracias a los medios de comunicación, esta historia ha recibido atención local y ha sacado a la luz la apremiante situación que viven los arrendatarios que fueron desafortunadas víctimas de la codicia de Green [...] Según Green, la culpa es del municipio de Hillsborough por haberse dedicado a condenar una y otra vez a los apartamentos por las infracciones del reglamento de prevención de incendios, y permitir que se fueran acumulando. Green insinuó que si no se hicieran tantas inspecciones, no habría habido ninguna violación de las normas. Y su excusa —«Soy un buen tío porque dono dinero a causas benéficas»— resultaba ofensiva. ¿Permitiríamos a los atracadores de bancos que robaran impunemente a condición de que donaran una parte de los beneficios de sus delitos a la beneficencia? No, claro que no. Green se va a ir de rositas con una condena de treinta y tres meses, libertad condicional, indemnización y multas. Habría que obligarle a vivir en la basura de apartamentos que decidió comprar y alquilar a otros.

También me impactó otro artículo del *St. Petersburg Times* escrito por Jeff Testerman, en agosto de 2002, que decía:

Las declaraciones del casero sobre el incendio parecen falsas. El día después de Acción de Gracias, en 1999, un incendio dañó varias dependencias de Cedar Pointe Apartments, propiedad de Green [...] Varias semanas más tarde, Green presentó una carta de reclamación a la compañía aseguradora en la que afirmaba tener una oferta de un constructor para resolver todos los problemas de prevención de incendios del edificio, no atendida por la aseguradora. Ese documento de la empresa constructora estaba firmado por alguien que había fallecido antes de la fecha del documento.

Y poco antes, en mayo de 2002, Rochelle Renford de weeklyplanet.com ponía por escrito lo siguiente:

> Green, el casero neoyorkino, llama de nuevo la atención de las fuerzas del orden público por descuidar sus pisos en alquiler, esta vez en Tampa [...] En Nueva York, Green llegó a deber tres millones de dólares en multas impuestas por el cumplimiento de los reglamentos de seguridad en la construcción, tenía deudas de miles de dólares con la compañía eléctrica, y se enfrentaba a una demanda civil por parte de los inquilinos [...] Desde entonces ha pasado de ser un hombre insensible a ser un delincuente.

En otra página web, leí la descripción firmada por un electricista del trabajo que había realizado para quien fuera mi casero:

> Nuestro jefe nos instruyó para que básicamente hiciéramos trampas que permitieran que el edificio pasara la inspección. Nos enseñó cómo amañar las tomas eléctricas [...] En lugar de dotar de toma de tierra a cada entrada de línea eléctrica del edificio, nos dijo que cogiéramos un trozo de cable, lo atornilláramos a la toma del neutro y por el otro extremo en la toma de tierra. «Con eso basta para que se enciendan los pilotos naranjas, aunque en realidad no se haya hecho bien la toma de tierra», nos dijo.

Uno de los problemas en mi apartamento de Harlem eran las constantes interrupciones del fluido eléctrico.

Yo fui uno de los antiguos inquilinos que, tras enterarse de que mi casero iba a estar en manos de la justicia, envié a las autoridades un escrito en forma de declaración de víctima donde contaba mi experiencia. En esa declaración resumí las circunstancias de mi violación en el apartamento del que era inquilina, ubicado en uno de sus edificios de Harlem, Nueva York. También describí con todo detalle los problemas relacionados con mi estancia en el edificio, incluyendo que en el contrato de arrendamiento existía una confusión entre el casero y el agente, que la tarifa de la agencia había sido cobrada directamente por el propietario, que faltaban el agua caliente y la calefacción, que las cerraduras rotas o inexistentes permitían el acceso al edificio de maleantes, que había rejas defectuosas que no se abrían y que no me permitieron escapar. Le envié una carta a T., que era el oficial del juzgado que reunía las pruebas del caso, y quien reunió la documentación sobre asuntos relacionados con el impacto producido en las víctimas, a fin de determinar la sentencia que se le imputaría al casero.

La vista del juicio de mi casero tuvo lugar en febrero de 2007. Fue condenado a treinta y tres meses de privación de libertad en una prisión federal por evasión de impuestos y fraude inmobiliario. En mayo de 2007, a menos de ocho semanas de comenzar el cumplimiento de la pena de cárcel, a las 4.00 de la madrugada y cuando se dirigía caminando hacia su Rolls Royce cerca de Times Square, fue víctima de un atropello tras el cual el conductor se dio a la fuga. Más de dos años después, comenzó a cumplir su sentencia, pero fue puesto en libertad antes de haber cumplido una cuarta parte del tiempo que le correspondía, debido a su «delicado estado de salud».

DERROTADA POR NUEVA YORK, O POR QUÉ VINE A NUEVA YORK

Crecí viendo películas americanas en España. Hasta que cumplí los trece años, mi país estaba gobernado por un dictador fascista, el general Franco. Lo que veía de otros países estaba limitado por la censura. Las películas de la tele eran solo de dos tipos: comedias españolas o cine americano. Las películas españolas (triviales y de bajo presupuesto) reforzaban vagamente la vida familiar, la austeridad financiera y el régimen fascista. Las americanas, por otro lado, eran o películas del oeste o lujosos y espectaculares melodramas. Recuerdo el león de la Metro Golden Mayer rugiendo al principio de las películas de Hollywood como si quisiera hacernos conscientes de la ferocidad que se escondía por debajo de la buena vida. Cuando era pequeña creía que las películas del oeste eran históricas y que los dramas personales y las comedias (cuyos personajes eran normalmente ricos y guapos) eran cosas inventadas, ficciones irreales. Tenía la sensación de que la mayor parte de las escenas se desarrollaban de noche. Recuerdo vestidos de fiesta plateados que brillaban a la luz de los candelabros. Muchas de esas películas se situaban en Nueva York, pero en una Nueva York ilusoria, de escaparate... que literalmente se habían rodado en un estudio de cine de Hollywood.

Mi tío solía esconder su ejemplar de *El capital* entre sus aparatos eléctricos. Los libros comunistas estaban prohibidos, y crecí viendo a Estados Unidos como el enemigo, en parte debido a la presencia de sus bases militares en la España de Franco. «Yanquis go home» decía un grafiti que todavía se puede ver en los alrededores de algunas bases militares; «Fuera yanquis» era un sentimiento compartido y silencioso. Yo no asociaba los Estados Unidos de las películas con el país que tenía bases en mi tierra, pero ambos me atraían. Quería visitar el país de las películas, y al mismo tiempo entenderlo, saber

por qué dominaba el mundo. Me fascinaban su salvajismo y
su ferocidad, y quería ir allí, estudiarlo de cerca y observar su
comportamiento y así poder derrotarlo.

Cuando me mudé a Estados Unidos, no vine directamente
a Nueva York. Me mudé por etapas, como los caminos de montaña en zigzag que facilitan el ascenso. Nueva York me parecía
abrumadora, luminosa, fascinante, pero inaccesible. Primero
fui a San Francisco, una ciudad más tranquila, para prepararme
durante tres meses para el examen de inglés como segundo
idioma. Como tenía planeado, hice escala en Nueva York al
volver a España desde San Francisco. Mi hermana me acompa-
ñó en lo que también para ella sería la primera visita a la ciudad.
Yo quería ver los ciervos y los monos hiperrealistas del Museo
de Historia Natural y conocer a Duane Michaels, el narrador-
fotógrafo. A. me dijo que fuera a ver la rampa en espiral del
Guggenheim, que viera cómo la ciudad entra en el museo
Whitney a través de las cristaleras, y que me fijara en el jardín
del MoMA, donde los edificios parecen un telón de fondo.

Mi hermana y yo llegamos después de Navidad, y en Nochevieja nos saltamos la celebración de Times Square e inau-
guramos 1996 paseando a primera hora de la mañana por el
puente de Williamsburg. Cruzamos una ciudad blanca y de-
sierta y yo estaba tan fascinada por la superposición de los distintos tipos de edificios, los diferentes barrios y los signos de
pluralidad étnica que me olvidé del capitalismo. En la calle
Mercer, en el SoHo, fuimos a ver al amigo de un amigo que
era pintor. Las calles frías de la ciudad, infestadas de ratas,
desaparecieron en cuanto entramos en su lujoso y sorpren-
dentemente cálido *loft*. Nunca había experimentado un contraste semejante. El edificio carecía de zonas de tránsito: no
había espacios comunes ni posibilidad de cruzarte y hablar
con los vecinos en la entrada. El ascensor se abría directamente en el apartamento. La frontera entre el espacio público y el

privado era la calle. El pintor nos dijo que antes de que los artistas lo transformaran en *lofts*, que utilizaban tanto a modo de
estudio como de vivienda, el edificio había sido, en su origen,
industrial. Cuando los artistas empezaron a mudarse, el SoHo
era una zona peligrosa. Los artistas aguantaban las duras condiciones del barrio porque, a cambio, habían encontrado espacios baratos para vivir y hacer su trabajo, pero la ciudad era
entonces demasiado peligrosa para atraer al turismo, que normalmente se limitaba a un recorrido por las atracciones principales. La delincuencia era el estigma de la ciudad.

La especulación inmobiliaria ha perseguido a los artistas
durante décadas por todo Nueva York, en SoHo, Chelsea,
Williamsburg, y lo mismo ha ocurrido en otras ciudades como
Berlín y Londres. Cuando los artistas se mudan a un barrio le
añaden valor, pues rehabilitan las viviendas y crean comunidades fuertes; luego llegan las promotoras y los agentes inmobiliarios, que suben los alquileres y desplazan a los artistas hacia
otras zonas. En la frontera con Chinatown, donde empecé a
vivir en 2003, esa estrategia se ha invertido. Primero llegan los
agentes inmobiliarios, compran locales y se los alquilan a tiendas y galerías de arte para atraer a arrendatarios ricos. Desde
hace años, en Nueva York el turismo prospera y la ciudad parece segura, hasta barrios como Chinatown tienen galerías de
arte, un arte muerto en una ciudad muerta.

Nueva York se ha convertido en el primer destino turístico norteamericano desde el año en que me mudé hasta ahora
cuando escribo. La seguridad y la asequibilidad están indisociablemente unidas. Según un artículo publicado en 2008 en
el *New York Sun*:

> [...] se calcula que una cantidad récord de 46 millones de tu
> ristas visitó en tropel Nueva York el año pasado, bombeando
> una suma estimada de 28 mil millones de dólares a la econo

mía local [...] Los visitantes extranjeros aumentaron en un
20 % en 2007, con una cantidad estimada de 8,5 millones de
turistas provenientes de otros países [...]

En una alocución por radio, el entonces alcalde Bloomberg
afirmó que los ingresos generados por el turismo tienen una
importante repercusión en la economía global de la ciudad, y
añadió que el bajo índice de delincuencia de «la gran ciudad
más segura del país» promoverá el turismo durante años.

Pero cuando oigo decir que la delincuencia está disminu-
yendo en la ciudad de Nueva York me pregunto: ¿qué tipo de
delincuencia? ¿Contra quién? ¿Hacia dónde se está desplazando? ¿Cubren las estadísticas de delincuencia toda la ciudad
y todo tipo de delitos, o se publican para tranquilizar a los turistas, basadas solo en los datos de los delitos contra personas
cometidos en las calles de las zonas ricas? La primera vez que
visité Nueva York lo hice como turista, y no crucé la frontera
norte de Central Park. Muchos de los mapas turísticos termi-
nan en la línea verde de Central Park. Algunos tienen flechas
que indican lo que falta: Harlem y el Bronx.

En 2007 busqué en Google la dirección de mi antiguo
apartamento y la de la cárcel donde está mi violador, el Centro
Correccional de Clinton, en Dannemora, estado de Nueva
York, y me di cuenta de que, en dos escalas distintas, la de la
ciudad y la del estado, el norte está vinculado a la delincuencia, la pobreza y la cárcel. La zona con mayor índice de delitos
graves en Manhattan está situada al norte de Central Park, en
las orillas septentrionales de la isla. El Centro Correccional de
Clinton está en un emplazamiento que se conoce como la «línea azul» que, a pesar de ser Reserva Natural por sus bosques,
es un lugar con una gran concentración de cárceles y cuarteles
militares, y está situado en la parte norte del estado de Nueva
York, al sur de la frontera con Canadá. En el mundo occiden-

tal, el Sur tiende a concebirse como la región pobre, mientras que el Norte se asocia a la prosperidad. En Manhattan y en el estado de Nueva York, la convención geográfica está invertida, y el norte alberga delincuencia y pobreza.

El hecho de que la delincuencia haya ido siendo barrida hacia el límite norte de la ciudad y del Estado, no ha conseguido desplazarla del todo. También favorece las condiciones para que los especuladores de la propiedad apunten con sus proyectos a algunos bloques específicos de edificios, para crear así la ilusión de que existen burbujas seguras de viviendas para residentes acaudalados que deseen regresar al núcleo urbano tras vivir unos años en las afueras. La delincuencia se utiliza como una de las herramientas de limpieza social de los edificios (los arrendatarios con contratos de larga duración se ven obligados a marcharse debido al precario estado de sus pisos y edificios, que es consecuencia de las malas prácticas del casero y los rápidos beneficios de la especulación, que lleva a la demolición masiva de edificios enteros). El resultado son los nuevos edificios. Pero los nuevos apartahoteles o apartamentos de lujo en propiedad o *condos* no crean un nuevo sentido cívico; en lugar de construir relaciones sólidas, estos nuevos residentes continúan acentuando un proceso que consiste en desintegrar las comunidades existentes. Sin embargo, esos nuevos edificios lujosos desempeñan un papel en la imagen transformada de Nueva York como ciudad segura que atrae a turistas y visitantes a corto plazo. Cuando una ciudad se desarrolla para optimizar sus beneficios por metro cuadrado, y sus principales industrias son las del entretenimiento y el sector servicios, se convierte en víctima de los caprichos de las tendencias y las modas. En algún momento la ciudad perderá su atractivo y comenzará su declive. Incluso si sobrevive económicamente, el sistema del que depende es predatorio, y los depredadores siguen su camino, de una ciudad a otra.

Durante mi primera estancia en Nueva York, el año 1996, mi hermana y yo subarrendamos un apartamento en el Village. Nos pasábamos el tiempo evitando ser turistas. De día visitábamos los centros culturales, y por la tarde quedábamos con amigos de amigos. Por la noche nos recuperábamos para el día siguiente, pensando que en esta ciudad sucede lo imposible (bueno o malo), y que esa era la esencia de Nueva York. Vivíamos en Nueva York como lo hacen muchos neoyorkinos, como neoyorkinos en su tiempo libre. Habitábamos un limbo, haciendo como si viviéramos en Manhattan, pero desconectadas de la realidad de la ciudad.

Este limbo, según comprendí más tarde, era una forma habitual de experimentar Nueva York. Manhattan no es solo una isla, sino también una ciudad flotante. Los movimientos de población son enormes. La gente va y viene en masa, a la ciudad y hacia ella, desde otros estados y países. Vienen a pasar el día o una temporada corta: una semana, un año, unas prácticas, un máster o una conferencia. Tanto si vienen a estudiar como a hacer negocios, su radio de acción es estrecho: la ciudad está llena de cosas que ver y parece despertar emociones, pero la mayoría de la gente no tiene tiempo de involucrarse en la vida real. Mucha gente se traslada a la ciudad en busca de mejores oportunidades: hay una parte de migración interna y también migración internacional; gente que llega a Nueva York desde el campo o desde ciudades pequeñas, en busca de la gran ciudad.

En la actualidad, más que nunca, la gente no vive en el campo, sino en las ciudades. Además, el movimiento de turistas o visitantes entre ciudades jamás ha sido como el de ahora. Y las ciudades son cada vez menos civilizadas. Los turistas gastan dinero y consumen la ciudad, tomando todo lo que tiene que ofrecer. Los visitantes enriquecen la ciudad, pero la brevedad de sus visitas les impide aportar nada bueno y nuevo. Los inmigrantes tratan de sobrevivir y ganarse la vida, se toman su tiempo para instalarse y crear un impacto. A menudo hace falta un decenio o incluso una generación entera para poder provocar un cambio. La ciudad se beneficia de la afluencia de gente únicamente en lo económico. La población transitoria se ve excluida de las estructuras esenciales de la ciudad, y su aportación económica permite cambiar la apariencia y la economía de la ciudad, pero no aporta mejoras ni sirve para el progreso cívico.

Durante mi estancia en Princeton, visité Nueva York como otro tipo de huésped. A lo largo de tres años, A. y yo tomábamos el New Jersey Transit a Nueva York los sábados por la mañana, y el tren nocturno de vuelta tras explorar la ciudad, especialmente en busca de oportunidades artísticas profesionales. Íbamos al archivo del MoMA, al Whitney, al MoMA PS1, a las galerías de arte del barrio de Chelsea, el Dia Center for the Arts, e incluso tuvimos nuestra propia exposición en Chelsea.

A veces A. y yo íbamos a ver a su hermano al trabajo, en un banco situado en el barrio financiero. Su visión de Nueva York era muy distinta a la nuestra. Unas navidades, A. y yo subarrendamos un apartamento en Wall Street, donde los rascacielos pueblan el paisaje urbano. En la calle, los edificios actúan como artefactos visuales, enmarcan el cielo con sus formas geométricas, pero la vista que teníamos desde las ventanas se limitaba a una pared; nos sentíamos atrapados en el interior. En otras ocasiones, cuando veníamos a la ciudad a visitar a T., un amigo arquitecto español que estaba recibiendo tratamiento para el cáncer, conocimos a su amiga L., en cuya casa se alojaba. Cuando T. murió, seguimos viendo a L. y pasamos algunos fines de semana con ella en su apartamento del Upper West Side. Fuimos invitados a las cenas que organizaba en su casa y conocimos a sus amigos. Esas reuniones me recordaban a las películas de Woody Allen.

Esa fue la última vez que viví el mito de Nueva York tal y como yo veía la ciudad en las películas. Nueva York funciona en un doble orden, pero a diferencia de otras ciudades que tienen un comercio legal y un mercado negro, cada uno con sus reglas claras que corren en vías paralelas que nunca se cruzan, en Nueva York estas dos estructuras (parásito y huésped) están entrelazadas, la una vive dentro de la otra. Una estructura es fácilmente visible, mientras que la otra no lo es, y cuando consigues ver esta otra estructura ya es demasiado tarde: te has convertido en su víctima. Solo se puede ver la trampa cuando ya has caído en ella.

Caí en la trampa, en un mundo en el que las reglas no me resultaban claras y donde el camino de salida era oscuro. Me llevó años desvincularme de todo eso. Me mudé seis veces a barrios distintos, y organicé mi vida de forma que siempre estaba preparada para marcharme a otro lado. Los muebles donde guardaba la ropa y los utensilios de trabajo eran de plástico y se podían apilar para su almacenaje; hasta llegué a diseñar una cama-mesa que se podía ensamblar fácilmente y que cabía en un taxi. Mientras tanto, trabajé de profesora durante siete años.

Más recientemente, me fui a vivir a Chinatown, donde escribí este libro e investigué y analicé Nueva York, y donde, de vez en cuando, puedo mantener conversaciones provechosas, sobre todo con mis amigos. Ahora no veo la ciudad como un lugar que brinda oportunidades profesionales. La importancia de Nueva York va más allá de la universidad y su mundo, la arquitectura urbana, los negocios, el arte o cualquier otro campo. Lo que le da importancia a la ciudad son las reacciones inesperadas de los desconocidos y los encuentros esporádicos que crean relaciones cercanas. No son los acontecimientos, sino las personas quienes hacen que Nueva York me siga resultando interesante. Me relaciono con personas a quienes les

mueven deseos que no son fáciles de satisfacer. Unidos todos
por la necesidad, he descubierto una comunidad que trans-
ciende la mera razón que nos une. Estas personas, en esta otra
Nueva York, crean un sistema de oportunidades donde encuentras lo que realmente necesitas cuando estás buscando
otra cosa.

Ya no puedo ver la ciudad que vi la primera vez que vine.
Desde la cima del Empire State Building, Nueva York parece
seductoramente manejable, como una ciudad de juguete. Pero
al nivel de la calle la realidad es otra. Con sus brillantes luces y
su gran escala, encarna la fascinación urbana. Pero como ocurre con cualquier seducción, solo puede disfrutarse desde la
distancia. Por eso Nueva York es *la ciudad*, la que hay que visitar. No porque tenga más atractivo que otras ciudades, sino
porque su atracción debe ser experimentada desde la distancia.

Times Square era el lugar de Nueva York que A. prefe-
ría. Un día, A. iba al volante de una furgoneta de alquiler en la
que llevábamos todas nuestras cosas desde la casa de Princeton,
en Nueva Jersey, hasta nuestro nuevo apartamento de Harlem.
Recuerdo que estaba medio dormida en el túnel de Lincoln,
cuando me estaba mudando a Nueva York por primera vez. Al
salir del túnel, luces muy intensas, luces de colores, cegadoras.

—Mira, Janopterillo, mira, despierta, mira las luces —me
dijo A.

No había ni un alma en la calle. Cubiertos de vallas publi-
citarias, los edificios parecían de mentira, como si no hubiera
nada detrás de la fachada.

EPÍLOGO PARA LA EDICIÓN ESPAÑOLA

(2017)

Violación Nueva York, haciendo zoom, parte desde lo abstracto de un sistema para llevar el foco hacia un caso concreto, y cuenta cómo Nueva York «viola», y qué es violar y ser violado. *Violación Nueva York* es, por un lado, una investigación sobre las fuerzas que controlan una ciudad que está en proceso de transformación inmobiliaria: la especulación, el valor del suelo, los cambios legislativos, la ideología asociada al tipo de construcción y al tipo de propiedad, los intereses y estrategias de las promotoras, etcétera; y por otro lado, es una indagación sobre qué es violar: sentirse en casa, aceptado a la fuerza en el cuerpo del otro, entrar en otra persona, llevar a cabo la máxima intromisión posible en la intimidad del otro.

Quise escribir de una forma personal, aunque sin perder de vista lo que cada cosa significa a gran escala, haciendo un análisis de la situación, pero volviendo a lo más íntimo, puesto que estoy hablando de mi propia violación.

El título de este libro, en su edición original, era *Rape New York. The Story of a Rape and Examination of a Culture of Predation*, que se traduce como *Violación Nueva York. Historia de una violación y análisis de una cultura predatoria*. El libro lo escribí en inglés.

VIOLACIÓN NUEVA YORK, O CÓMO NUEVA YORK VIOLA
(A TRAVÉS DE LA INDUSTRIA INMOBILIARIA, MEDIANTE
LA CONSTANTE ESPECULACIÓN SOBRE EL SUELO
URBANO)

Violación Nueva York significa que pensar en Nueva York equivale a pensar en violación y en especulación inmobiliaria: la renovación constante de la ciudad, los abusos que promotores y constructoras cometen para conseguir sus fines. La especulación inmobiliaria parece que fuera solo algo relativo al mercado de los pisos, pero actúa sobre nuestra propia carne. Afecta al día a día de nuestras vidas, y llega incluso a meterse en nuestro interior.

Gentrificación, desalojo y violación

La violación es una de las operaciones más perversas del acoso inmobiliario.

El acoso inmobiliario, una práctica sistemática que forma parte esencial del proceso de gentrificación de bloques y de barrios, se refiere al uso por parte de los caseros (agentes o promotores) de la invitación a la delincuencia. Así, la violación se usa como instrumento para hacer que los vecinos se vayan de sus casas para que los edificios queden libres y se puedan construir edificios nuevos no sujetos a restricciones de renta. La promoción de viviendas y la gentrificación es un proceso lento que consiste en ir expulsando de uno en uno a cada inquilino de cada piso. La violación, es una forma de deshaucio que se da en un boom inmobiliario cuando este se produce sin control.

La gentrificación es un proceso muy bien explicado en el artículo de Lidija Hass «Building Insecurity: How Violent

Crime Helps Reshape New York's Landscape»,* donde habla sobre mi libro y dice:

> Hay una historia de la gentrificación de Nueva York que todo el mundo conoce, la de Nueva York convertida en una *Disneylandia*, un parque temático para turistas y norteamericanos ricos; y hay otra historia de la gentrificación de Nueva York que por primera vez se denuncia en el libro *Rape New York* y que implica el uso de la violación como forma de desplazamiento [...] ¿Es cierto que Nueva York es más segura ahora, o se trata de otra fantasía americana? La artista y pensadora Jana Leo formula la pregunta de otra manera: Segura, pero ¿para quién? En su libro *Rape New York* cuenta cómo fue víctima de un asalto a mano armada [...]

No es casual que los propietarios descuiden tantísimo la seguridad de los edificios. Que los inquilinos sean vulnerables a las agresiones, la delincuencia y la violación en casa hace que se muden y que los caseros suban los precios. De este modo, los edificios van siendo abandonados, lo que permite reformarlos y convertirlos en apartamentos lujosos, y de esta forma, sus propietarios consiguen enormes beneficios.

Pueblo Nuevo, Madrid - Harlem, Nueva York

En las zonas de transición (sometidas al proceso de gentrificación) hay operaciones y estrategias que son comunes a toda promoción inmobiliaria, en cualquier parte del mundo, independientemente de dónde se den.

---

* «La construcción de la inseguridad: cómo los delitos violentos contribuyen a reconfigurar el paisaje de Nueva York»; *Bookforum*, verano de 2016.

Tarde o temprano, toda zona elegida para la promoción inmobiliaria como objetivo de desarrollo y encarecimiento del suelo y las rentas, será sometida a un proceso de transformación. El cambio es inevitable, pero el cuándo y el cómo se vaya a producir ese cambio son inciertos. Durante el proceso de transición unos pocos se enriquecen, y muchos son perjudicados. La duración de la transformación de la zona, el bloque, el barrio... varía desde unos pocos años hasta varias generaciones. Las estrategias van desde cortar servicios básicos (luz, agua...) hasta el acoso inmobiliario, y alcanza actuaciones tan perversas que rayan en lo delictivo e incluso son delito. No hay nada secreto en el mecanismo de promoción inmobiliaria en zonas sometidas a la especulación. El objetivo es claro: multiplicar beneficios exponencialmente. El método es simple: utilizar todos los mecanismos posibles, incluyendo los fraudulentos. El coste para los residentes que se verán desplazados, y los efectos que todo esto produce en las víctimas individualmente, muestran lo sucio de la operación en la pequeña escala.

Personalmente, yo he vivido esta situación dos veces. La primera, de pequeña, ocurrió cuando las viviendas de un barrio de casas bajas unifamiliares, como la casita donde yo vivía con mis padres y mi hermana, fueron vaciadas de sus habitantes y destruidas para ser convertidas en edificios de apartamentos en Pueblo Nuevo, en las afueras de Madrid, en 1969. Y la segunda el año 2000, cuando tenía 35 años y vivía en un apartamento del barrio de Harlem en Nueva York, entre la calle 129 y Convent Avenue.

Cuando tenía unos cuatro años, las casas familiares de alquiler que había en mi barrio empezaron a ser desalojadas. Los inquilinos eran presionados por los propietarios, que querían el terreno para construir edificios de apartamentos, más rentables que las casitas bajas unifamiliares. Esto pasó en el barrio de Pueblo Nuevo, en las afueras de Madrid, alrededor de 1970.

En 1969.

Un hombre con traje y sombrero, que parecía alto desde la mirada de un niño, nos acosaba a mi madre, a mi hermana y a mí cuando mi padre salía a trabajar. Todas las casitas de la comunidad fueron desalojadas, pero mi familia se resistía a marcharse. La empresa promotora, que había comprado el terreno recientemente para construir un edificio de apartamentos, estaba esperando a que mi familia se fuese para poder obtener el permiso de obras del Departamento Municipal de Urbanismo.

La promotora envió al señor del traje y sombrero para presionar a mi familia y conseguir que nos fuésemos. Aparecía casi a diario, y lo estuvo haciendo durante varios años. A veces quitaba unas cuantas tejas y nos amenazaba con derribar la casa por la noche si no nos íbamos. La promotora también envió cartas amenazadoras. A pesar del acoso constante, mis padres decidieron no dejar la casa hasta que no les diesen lo que la ley les concedía como inquilinos por haber estado viviendo en esa casita y pagando el alquiler durante al menos siete años: que se les proporcionara un lugar donde vivir cuando fuese necesario desalojarla, y que se les dieran facilidades para el realojo. Después de varios años de acoso, mi familia llegó a un acuerdo con el dueño. Se les permitiría pagar por debajo del valor de mercado el piso que se les concedería en el nuevo edificio que iba a ser construido por el propietario que les había desalojado. Así podrían tener una vivienda en propiedad sin tener que dejar su barrio. Además, en espera de que estuviese construido el nuevo edificio, nos trasladamos a un piso de alquiler que nos proporcionó a bajo costo el mismo promotor.

Nos mudamos. Era la primera vez que yo vivía en un apartamento. En comparación con los años que pasé en mi casa baja sin agua corriente, con humedad, pero abierta a un patio común con otros vecinos y con árboles frutales, en aquel tercer piso me sentí como si me hubiesen encerrado en una jaula. No tenía patio para jugar y me pasaba las horas en el balcón. Agarrada a la barandilla, me mareaba mirando los coches. Mis padres estaban contentos porque habían conseguido una vivienda en propiedad, con todas las comodidades, como agua caliente y ducha, construcción saludable con suelo de parquet en lugar de tierra, con papel pintado en lugar de la humedad subiendo por las paredes... Pero para mí el cambio fue sobre todo una pérdida, me habían quitado lo más importante: la libertad.

Ese momento marcaría, además, la divergencia entre lo que mis padres creían que era lo mejor y mi propia opinión al respecto. Para ellos lo principal era la comodidad; para mí, la libertad. Como me sentía enajenada en aquellos pisos con balcones que yo percibía como jaulas, no eché raíces en el apartamento de mis padres ni en el barrio, y empecé pronto a pensar en mi objetivo: volar. De hecho volé, me fui lejos, dejé Madrid y vivo en Nueva York desde hace muchos años.

A lo largo de mi vida, aquella primera experiencia de haber sido amenazada con el desalojo influyó en la importancia que le di siempre a tener una casa. De hecho, compré mi apartamento en Madrid cuando tenía veintiséis años. Era una buhardilla muy modesta con vistas a los tejados, lo más cercano al cielo que yo podía permitirme.

En 1972.

Lo macro y lo micro: la corrupción inmobiliaria y una violación

Es lo sistemático lo que hace posible la relación entre una operación macro, como la corrupción inmobiliaria en el sistema capitalista, con lo micro: mi barrio, mi edificio, mi casa, mi cuerpo. Y, en este sentido, no «solo» es una violación la que comete un hombre contra una mujer, sino que una persona es «también» violada por el mercado inmobiliario. Por un lado, *Violación Nueva York* es sobre una violación que comete Nueva York (Nueva York viola) contra sus residentes, y, por otro lado, la persona es violada por la industria de la construcción. Como si la construcción, con la dureza que emplea al levantar estructuras, pudiera también aplastar a las personas.

Las violaciones, en los setenta y ochenta, ocurrían en Nueva York de forma frecuentísima. Me dice, cuando le visito en Tetuán, mi amigo Carlos Jiménez: ¿sabes que Madonna también fue violada en Harlem? «No sé si en Harlem, pero en Alphabet City sí», me escribe mi amiga Celina Alvarado. La misma Madonna lo dijo «en la durísima declaración que hizo en 2016 al recoger un premiazo», me contó mi amiga. Fue cuando le dieron el Premio Mujer del Año en Música del Billboard 2016:

> Gracias por este reconocimiento a mi capacidad para desarrollar mi carrera durante treinta y cuatro años, en los que he dado la cara cuando he sido usada como un objeto, y he tenido que aguantar la misoginia y el sexismo constantes e implacables y el abuso incesante.
>
> Cuando me mudé por primera vez a Nueva York, yo era una adolescente de quince años y Nueva York era un lugar que daba miedo. En el primer año, fui retenida a punta de pistola en la azotea de mi casa y después violada con un cuchillo hincado en la garganta. Y entraron tantas veces por la

fuerza en mi apartamento para robar que acabé por no cerrar con llave.

En los años posteriores, perdí a casi todos los amigos por el sida, las drogas o los balazos. Como es fácil de imaginar, todos estos acontecimientos inesperados no solo me ayudaron a ser la mujer audaz que tienen ante ustedes, sino que también me recuerdan que soy vulnerable y que en la vida no hay nada seguro, salvo la confianza en una misma.*

Las violaciones en los años ochenta estaban directamente relacionadas con la delincuencia, que era el pan de cada día en barrios devastados por el crack, con edificios deplorables, sin puertas ni ventanas que cerrasen. Pero la violencia a la que me refiero ahora, la del milenio, la de los años 2000, no viene del crack, no se produce porque todo el barrio ande consumiendo y vendiendo droga, sino que es consecuencia de la gentrificación, del proyecto de construcción y la renovación residencial, de la transformación de barrios normales en zonas de moda, sitios *trendy* con cafeterías que sirven *brunch* y tienen wifi, y son frecuentados por *hipsters* que pasean al perro sin dejar de mirar su *iPhone*.

Un sistema oculto o la cara «B» de Nueva York

Violación Nueva York habla de una violación que es sistemática, pero cuya estructura no es visible. Esto no es algo que sea exclusivo de la violación, sino que es común a muchos otros tabúes, y es la cara «B» de Nueva York. Por ejemplo, leyendo el libro de Terry Williams, *Cocaine Kids*, entiendo que lo llamati-

* Véase <http://www.billboard.com/articles/events/women-in-music/7617021/madonna-billboard-women-in-music-2016-speech>.

vo es que la venta al por menor de drogas resulte responder a un sistema muy organizado. También es muy organizada la vida de los vagabundos que viven bajo tierra en los túneles de Manhattan.* Marc Singer, en su película *Días obscuros*, filma los meses que pasó viviendo con los habitantes del túnel del tren Amtrak junto al parque del río Hudson, en el norte de Manhattan. Cada día, cuando voy al supermercado o a darme un paseo junto al río, paso por el agujero en la verja que da paso al túnel. En 1993, Jennifer Toth publicó su ensayo *The Mole People*, que documenta las comunidades escondidas que residen en la red de cavernas, hoyos y pozos abandonados de Manhattan. De forma similar, en *Violación Nueva York*, se describe la red de corrupción inmobiliaria que se expande a través de las calles ocultas dentro de los edificios que cruzan la ciudad en vertical: desde el portal y el vestíbulo por la escalera hasta la azotea y, de ahí, de una azotea a otra.

La violación instrumental (violación «no violenta» o violación a sangre fría)

Más allá de los aspectos generales de cualquier violación, *Violación Nueva York*, es un libro que trata de la «violación instrumental», cuya función primaria no es lo que ocurre entre el violador y la víctima sino el efecto que la violación tiene en beneficio de un tercero. En este caso, la violación es un medio que se utiliza para echar a una persona de su casa, lo que conlleva una ganancia económica para el casero ya que le permite subir la renta sin restricción cuando el apartamento queda vacío. Esto hace que la violación se asocie con la corrupción (no

* Véase <http://narrative.ly/the-truth-about-new-yorks-legendary-mole-people>.

es algo que ocurre en sí mismo sino que es un instrumento). Me interesa la relación intrínseca que hay entre lo inmobiliario y lo carnal.

Por otro lado, este elemento de la violación instrumental, lo aleja de la violación en caliente (en un callejón oscuro, por la noche, un hombre te sube la minifalda y te mete la polla) y lo convierte en una «violación a sangre fría».

INDAGACIÓN SOBRE LO QUE ES VIOLAR: LA VIOLACIÓN Y SU RELACIÓN CON LA CASA

En *Violación Nueva York*, trato de definir la violación en relación con la casa. En sentido figurado: violar es sentirse en casa, ser aceptado en el cuerpo del otro, adonde se ha entrado a la fuerza. Y ser violado es sentirse fuera de casa en el propio cuerpo, convertirse en vagabundo. Y en sentido literal: la violación ocurre muy a menudo en la casa o cerca de ella. Finalmente, trato de indagar sobre lo que es violar.

Violar para sentirse en casa

El violador del libro, mi violador, viola porque no tiene casa y para sentirse en casa. El cuerpo, como la casa, especialmente el cuerpo de la mujer, es el hogar en el que uno quiere estar y el hogar que uno no tiene. Textualmente:

> El deseo del violador de sentirse como en casa se ve cumplido al estar dentro del cuerpo de otra persona, y al violar el cuerpo del otro le está negando su hogar.

Domestofobia

La casa como lugar seguro para la mujer contrasta con el hecho de que la violación sea doméstica, que ocurra en el día a día, en espacios conocidos, en tu casa, en mi casa, y sea generalmente cometida por personas conocidas o normales (no por locos).

En un sentido abstracto, la construcción de la casa como lugar estable y seguro se desvanece cuando ese espacio o el cuerpo son ultrajados. Pero desde antes se reconoce el miedo a lo cerrado de la unidad familiar y de la casa: la domestofobia.

En mi libro *El viaje sin distancia. Perversiones del tiempo, el espacio y el dinero ante el límite en la cultura contemporánea,** en el capítulo 13, titulado: «*Domestofobia*. Lo doméstico como "lugar de horrores"», escribí:

> La casa y el vecindario se entienden como el lugar seguro, pero paradójicamente la casa está cargada con una cierta atmósfera de violencia, encierro y muerte. Bien porque uno está con el monstruo dentro: violencia y dependencia doméstica; bien porque se vive con la amenaza de la intromisión, de la penetración del intruso en la casa y en el cuerpo [...] A la vez, la casa, como se considera un dominio cerrado, parece encerrar la amenaza de la agresión. La delincuencia en su interior es un hecho habitual, como lo es la amenaza de la intrusión del otro desde el exterior. La casa es un lugar de habitación y por ello también de la memoria, donde los recuerdos vienen y en el que se tienen pesadillas. Así, aparte de ser el lugar del descanso y la intimidad, lo es también de la agitación y las obsesiones [...] La agorafobia designa la fobia a

* Jana Leo, *El viaje sin distancia. Perversiones del tiempo, el espacio y el dinero ante el límite en la cultura contemporánea*, Murcia, Cendeac, 2008; 2.ª ed., 2015.

los espacios abiertos y a los espacios abarrotados de gente. La palabra de origen griego *ágora* significa «plaza pública». La agorafobia se aplicaba indistintamente para designar la aversión que se produce tanto a la ciudad como a la casa. Sin embargo, la casa no coincide con aquello a lo que se refiere la fobia (en agorafobia) a espacios públicos o abiertos. La razón para incluir la casa como lugar de agorafobia es el rechazo a reconocer que la casa es también el espacio de ansiedad. Así, lo que sería fobia al espacio doméstico o *domestofobia* no existe como término. La prueba de la verdad que este término conlleva está en la inexistencia del mismo.

La casa es el lugar de los horrores y la violación es doméstica. Ocurre de forma diferente en ciudades de España que en Nueva York. En España, la mayoría de los edificios son comunidades de propietarios, y hay dueños individuales para cada uno de los pisos, en lugar de un solo propietario para todos ellos, como suele ser en Estados Unidos. Otra diferencia, por ejemplo, los edificios en España no tienen una escalera de incendios que conduce desde la calle hasta el tejado. Pero a pesar de esto, en España las violaciones también ocurren en los espacios intersticiales de los edificios; en las escaleras, el chiscón de la portería, el cuarto de basuras; o en momentos en los que no se está alerta, como al bajar la basura. Ni en España ni en Estados Unidos hay una legislación que regule que la arquitectura sea segura contra agresiones y violaciones.

Después de mi violación y durante las vacaciones de verano de la universidad, al volver a Madrid en 2013, empecé una investigación bajo el nombre de «El cartero siempre llama dos veces. Un examen de los delitos cometidos dentro de los edificios en Madrid», dirigida a tratar de provocar un cambio en la política de reparto del correo. Este texto es parte del informe en el que expuse mis conclusiones:

«El portal», es el cuarto lugar en número de robos con violencia, solo superado por la vía pública, el centro comercial y
el parque; el portal da una cifra de peligrosidad muy próxima
a la del parque. En el anuario estadístico del Ministerio del
Interior de 2003 con datos del año 2002, el número de robos
con violencia o intimidación de las personas, siguiendo el
criterio de la naturaleza del lugar en España es: vía pública
(73.279); local comercial (6.072); parque (2.327); portal de la
finca (2.048).

Todos los días, alguien llama a nuestro telefonillo diciendo: «cartero» o «cartero del banco». Los repartidores
cambian, no hay modo de saber que la voz del que dice ser el
cartero realmente lo sea. La política de reparto de Correos se
contradice con la recomendación del Ministerio del Interior
sobre la prevención de la delincuencia, y de hecho la propi-
cia. «No accione el portero automático si desconoce quién
llama; compromete usted la seguridad de todos sus vecinos.»
Vivimos en interiores, otro tipo de violencia doméstica, la
delincuencia se da también dentro de los edificios.

El informe seguía con un intento de concienciar a urbanismo
de los problemas que trae consigo la falta de regulación y a los
arquitectos de la necesidad de diseñar los espacios de modo
que garanticen la seguridad de las personas en los edificios.

El informe, titulado «El portal, la complicidad de la arquitectura en la violencia de género, los puntos ciegos», trata
de llamar la atención sobre la necesidad de diseñar esos espacios de forma que se favorezca la visibilidad del tránsito, que el
diseño haga visible la caja de escaleras desde el portal de forma
que la escalera no esté separada por ningún elemento inter-
medio, como un pasillo en codo, que impida la visibilidad.
Porque si no se evita eso, sirve de lugar donde el asaltante espera a la víctima para atacarla. Cartas al respecto fueron envia-

das a Gerencia de Urbanismo del Ayuntamiento de Madrid, así como al Defensor del Pueblo, sin que hubiera reacción alguna por ningún lado. Fueron solo periodistas amigos: Beatriz Lucas, de *ADN*, quien publicó «El lugar del crimen», *ADN*, 17 de marzo de 2010; y Stephen Lucas, quien escribió un artículo sobre ese tema en *In Madrid* del 6 de junio de 2009, quienes hicieron así públicas parte de mis investigaciones.*

Al escribir este texto, y antes de mandarlo al editor, se lo pasé a Celina, mi amiga y compañera de experiencias; cada una por nuestro lado hemos vivido muchas parecidas, en lo bueno y en lo malo. Me dice Celina:

Violación en el portal [de mi casa]

Yo fui violada en el portal a las 5-6 de la mañana cuando volvía a casa de una fiesta a mis 15 años por el amigo del chico que me acercaba a casa en coche, un argentino que la tenía tan pequeña e iba tan puesto de cocaína que me violó aun cuando yo llevaba un tampax puesto. Se coló en el portal mientras yo me acercaba al interruptor de la luz. No grité por miedo a despertar a los Aspiroz, que vivían en el primero, y a saber la que se liaría luego, o por si me echaban la bronca por volver a esas horas [...] Desde luego la distorsión con la que he visto/vivido la vida [...] Y otra vez me siguió un tipo, se coló en el portal entre las 8-9 de la tarde y llegó a meterse en el ascensor cuando yo iba a subir. Me forzó a besarle y por suerte se largó después. ¡Puf! No se me olvida [...]

Celina dice «la distorsión con la que he visto/vivido la vida», y me pregunto si la distorsión es algo suyo, o más bien un problema de la sociedad del momento, reprimida, que ve mal que

---

* Véase parte de la documentación en <http://fundacionmosis.com/CivicGaps/2003/09/28/the-postman-always-rings-twice>.

una chica llegue tarde de una fiesta a las cinco de la mañana...
cuando en otros países los quinceañeros pueden ir de fiesta
y volver a las tantas sin que eso cree un antecedente para una
violación.

Domesticar

Violar es una forma de dominar y de marcar un espacio. El
que viola, al entrar en el cuerpo ajeno, transgrede el espacio
del otro y se adueña del universo personal de la persona violada; la violación es una forma de *domesticación*, con ella se marca
el territorio, se ejerce control sobre la persona, y se actúa mediante una amenaza (esta vez es violación, la siguiente será
muerte).

Se puede leer en el capítulo 13 de «*Domestofobia. Lo doméstico como "lugar de horrores"*» del ya mencionado libro
*El viaje sin distancia:**

> La casa, aunque constituye un lugar en el que entra el exte-
> rior [...] es a su vez un núcleo cerrado y gobernado por reglas
> internas. Cada casa posee sus propias reglas, pero casi todas
> se parecen en algo: es el hombre quien tiene la última pala-
> bra. El espacio de la casa queda definido, pues, como el espa-
> cio de las mujeres, sin embargo, no son ellas las que están a
> cargo de sus reglas. ¿Cómo pueden estar a cargo de un espa-
> cio que no les pertenece y sobre el que no solo no tienen con-
> trol, sino que les impone una contención? La expresión «una
> mujer de su casa» no parece sino una ironía. Se refiere en
> realidad a la madre o ferviente esposa que cuida de la familia
> y de la casa con devoción, ajustando sus deseos y acciones a

---

* Jana Leo, *op. cit.*

un comportamiento normalizado. La ausencia de intervención exterior sobre la familia promueve que la casa se pueda convertir en un «lugar de horrores», un espacio incontrolable en el que el abuso y la tiranía se den en toda su extensión.* El mejor ejemplo se ve en la violencia doméstica. En un estudio del Estado de Florida en 1977, se muestra que el 32 % de las violaciones a mujeres se produce en el domicilio de estas o en sus cercanías. Las agresiones proceden fundamentalmente del marido, del padre o de familiares cercanos, así como de otros hombres que eventualmente visitan la casa o tienen acceso a ella. Igualmente, las estadísticas de varias asociaciones en contra de la violación en Nueva York, en 1992, sostienen que una de cada ocho mujeres adultas es violada a lo largo de su vida, y de ellas, dos lo son en su domicilio.

La fobia que las mujeres sufren en el espacio abierto se denomina agorafobia. Domestofobia es el trastorno sociológico que sufren las mujeres como consecuencia de verse contenidas en un tipo de comportamiento y de labor, y confinadas al espacio de la casa. De entre los muchos nombres que designan fobias, ninguno designa al miedo de estar en la casa o la domestofobia.** La palabra (*domestaphobia* en inglés) la he

---

* «Más que nunca, la casa no es un lugar tan seguro como podría suponerse. La mayoría de los accidentes ocurren en el hogar. Las estadísticas sobre violaciones mencionadas más arriba son igualmente alarmantes: la mayor parte de las violaciones ocurren en viviendas particulares. Muchas las cometen hombres en los que las mujeres confiaban o a los que conocían; pero otros muchos son desconocidos que logran, del modo que sea, colarse en el hogar. En algunos casos, el hogar no es la fortaleza segura que solemos creer. No garantiza la seguridad de ninguna mujer que se quede encerrada en casa, sin salir.» M. E. Mazey y D. R. Lee, *Her Space, Her Place. A Geography of Women*, Washington, D. C., Association of American Geographers, 1983, p. 44.

** Charles Féré, *The Pathology of Emotions. Physiological and Clinical Studies*, Londres, University Press, 1899, pp. 359-390.

visto solo una vez escrita en el libro de Macey al que me refiero en las citas. La autora señalaba cómo esta fobia no aparecía en la lista de los diccionarios de psiquiatría que enumeran este tipo de trastornos. Nombrarlo sería reconocer su existencia.

Esta evidencia puede deberse a un rechazo a reconocer que el espacio doméstico (*domus*, del latín «casa»), el espacio que tiene dueño (*dominus*, del latín «dueño») puede ser disfuncional. Asimismo, alude a que el proceso de «domesticación» de la mujer en la casa puede convertir a una persona normal en una enferma. Reconoce, por tanto, que el proceso de domesticación es patológico.

Intimidad

En el plano mental, hablar de la casa, del hogar, es hablar del lugar de la intimidad y de la seguridad. La violación es una agresión contra la intimidad. De hecho, la definición de violación que el libro ofrece tiene que ver, sobre todo, con la penetración metafísica, más con la intrusión existencial e invasión de la intimidad, que con la penetración física —vaginal o anal u oral.

Aunque los mecanismos que un violador pueda usar para no creerse violador sean complejos (entre ellos, el hacer pasar la violación por un encuentro casual o una primera cita) la finalidad que persigue la violación es simple: satisfacer un impulso primario, el sexo. Entiendo que el impulso primario es el de estar en el interior de otra persona y el sexo es la manera directa de meterse en el cuerpo del otro. Al meterse en el cuerpo del otro, bien como trasgresión (violación) bien como unión (amor), uno se convierte en significante. Si el amor es la expresión máxima de la intimidad, su contrario, la violación, es la invasión máxima de la intimidad, un acto de venganza contra el amor.

Cuando alguien, a media noche y en el portal de tu casa, te pone un cuchillo en el cuello y el pene en tu boca, sabes que ese individuo es incapaz de amar. Es muy común la creencia de que alguien que ha sido violado es incapaz de amar; yo más bien diría que el que ha sido violado es solo más exigente en el amor. Al ser más capaz de distinguir lo que es ser parte de la otra persona de lo que no, busca en el amor la intimidad extrema y no acepta sucedáneos de amor.

El violador usa juegos para autoengañarse y no sentirse culpable. El violador se convence a sí mismo de que está haciendo una «performance». De hecho, la violación descrita aquí tiene un elemento *performativo*, ya que el violador ha pensado lo que va a hacer y actúa. Actúa como un artista que diseña una acción y ejecuta esa acción en una galería de arte pero sin concertarla. Siendo yo misma artista entiendo —no justifico el acto, pero entiendo— cómo esto puede llegar a hacerse. Como no hay consenso ni acuerdo por parte del otro, este acto bien se podría definir como *violación a sangre fría*.

Sexo de andar por casa

En el libro le pregunto al violador si este acercamiento, pistola en mano, es su manera de entrarle a las chicas. «Sí», me contesta. Todo el tiempo y el esfuerzo necesario para ir entrando en la vida, la casa y el cuerpo de una persona se resume en un arma que obliga a la intimidad sin preámbulos. El que viola no quiere pagar el precio que supone seducir a otra persona. Andar con pistola, es como el que anda en zapatillas, una forma de sexo de «andar por casa».

DIFERENCIAS LEGALES Y CULTURALES ENTRE LO QUE SE
CONSIDERA VIOLACIÓN EN ESPAÑA Y EN ESTADOS UNIDOS

Observar las diferencias que hay entre ambos países, tanto en
materia de legislación como en la manera en que se define la
violación, y cuáles son las penas con que se puede castigar al violador, ayuda a repensar lo que se da por sentado.

La duración y la severidad de la pena

La duración de las penas varía, en España va de seis a doce
años de privación de libertad y en Estados Unidos fluctúan
entre dos y veinte años de privación de libertad. Solo este dato
ya muestra que en Estados Unidos la violación está considera-
da como un delito más grave que en España, pues las penas
son más severas.

Mientras que en España la sentencia es uniforme, en Estados Unidos no lo es. La duración de la pena varía sobremanera
dependiendo de los estados; en Nueva York es entre dos y
veinte años. Además, hay que considerar la prolongación de la
sentencia que puede producirse por penas de prisión acumula-
tivas, que llega entonces hasta los cuarenta años.

En España se considera violación (Código Penal, título
VIII: «Delitos contra la libertad e indemnidad sexuales»,
p. 65, capítulo I: «De las agresiones sexuales», artículo 178) lo
siguiente: «El que atentare contra la libertad sexual de otra
persona, utilizando violencia o intimidación, será castigado
como responsable de agresión sexual con la pena de prisión de
uno a cinco años». El artículo 179 dice: «Cuando la agresión
sexual consista en acceso carnal por vía vaginal, anal o bucal, o
introducción de miembros corporales u objetos por alguna de
las dos primeras vías, el responsable será castigado como reo

de violación con la pena de prisión de seis a doce años». En Estados Unidos es la penetración lo que se considera violación, y legalmente no importa lo leve que sea ni tampoco si es por la vagina o por el ano, tanto si es con una parte del cuerpo o con un objeto, o si es penetración oral de un órgano sexual por otro órgano sexual sin consentimiento de la víctima. El gran cambio ocurrió en los años setenta, y llegó gracias al movimiento feminista. Las leyes militares consideran violación el hecho de haber utilizado la fuerza en el acto sexual, sin focalizarse en la penetración.

En algunos casos, la severidad de las penas puede tener un efecto rebote contra las víctimas. Si la duración de la prisión por violación es de hasta cuarenta años, supone que el violador se va a pasar casi toda la vida en la cárcel, y la amenaza de esa perspectiva puede ser un incentivo para matar a la víctima: una vez muerta, no puede denunciar. Por otro lado, la flexibilidad que los jueces tienen a la hora de dictar sentencia favorece que haya discriminación al estipular la duración de la pena.

En relación con la flexibilidad de los jueces y la discriminación, se da lo que se conoce como *celebrity rape*, es decir, cuando el violador es un famoso y se baja la pena por esta causa. Un caso notable es el de Brock Turner. En el reciente caso Brock Turner (un deportista de élite droga a una chica en una fiesta de la universidad, la arrastra a un contenedor y allí le mete todo tipo de objetos en la vagina), el violador fue condenado a una sentencia de solo seis meses. El padre del violador tuvo la desfachatez de alegar ante el juez que cómo se podía arruinar la carrera de su hijo por *20 minutes of action** (veinte minutos de juerga).

El verano de 2016 hice dos postales con el siguiente texto:

---

* Véase <http://www.npr.org/sections/thetwo-way/2016/06/06/481010919/california-rape-case-sentence-sparks-outrage>.

No Black and Uneducated
Man Has Ever Received a
a Six-month Sentence for
the Attempted Rape
and Assault of an
Unconscious Woman.

Art work © by Jana Leo., 2016

Art work done in response to the Brock Turner Case

«Nunca ningún hombre negro y sin formación ha sido condenado a una pena de solo seis meses por intento de violación y agresión a una mujer inconsciente.»

Photograph and art work © by Jana Leo 2016, 2016

YOUR TOLERANCE FOR CELEBRITY-RAPE MAKES ME INTO AN OBJECT THAT CAN BE UNZIPPED

Art work done in response to the Brock Turner Case

«Tu tolerancia (la del juez) con la violación llevada a cabo por un famoso me convierte en un objeto al que se le puede abrir la cremallera.»

Que la justicia juzgue a las personas de forma discriminatoria (cuando favorece al famoso y al niño rico) automáticamente devalúa a la víctima (el precio que se paga por convertirme en víctima de sexo forzado es de seis meses de libertad condicional en lugar de veinte años de prisión, es decir, que yo tengo menos valor...) e implícitamente fomenta la violación por parte de los privilegiados, ya que saben que el castigo que recibirán será leve. Estas sentencias más leves para ricos y famosos no solo son contrarias a la constitución sino también profundamente racistas.

Si en una violación la gravedad de la sentencia se mide por el perfil del autor (blanco, exitoso), en lugar de ser proporcional al daño cometido, además de castigar más a los violadores que no tienen esos privilegios, la sociedad castiga al delincuente en lugar de castigar el delito, lo que en último término indica una aceptación social de la violación.

Este caso hizo que actualmente en Estados Unidos se empiece a cuestionar la facultad de que la sentencia sea flexible y siga sometida al libre albedrío del juez. Por eso, la Assembly Bill 2888* en California propone que exista una sentencia obligatoria mínima de tres años de cárcel.

---

* «Delitos sexuales: sentencia preceptiva de cárcel. La ley actual prohíbe que un tribunal conceda libertad condicional o decida suspender la sentencia cuando el acusado sea condenado por delitos como la violación por la fuerza, el proxenetismo, la agresión sexual grave contra los menores de edad y otros. Esta ley prohíbe que un tribunal pueda conceder la libertad condicional o suspender la ejecución de la pena en casos de violación, sodomía, penetración con objetos extraños o copulación oral si la víctima estaba inconsciente o no era capaz de dar su consentimiento por encontrarse en estado de ebriedad.» Ley número 2888, capítulo 863. Enmienda legislativa de la sección 1203.065 del Código Penal, relativa a la libertad condicional. Aprobada por el gobernador el 30 de septiembre de 2016.

¿Cómo se prueba una violación? Decir «no» o decir «sí»
y «date rape»

En Gran Bretaña, desde 2015, el presunto violador debe probar que la presunta víctima ha dicho «sí». Esta misma regla se empieza a aplicar en algunos estados de Estados Unidos, como el de California, desde 2015. Esto supone un cambio fundamental en la definición de lo que es violación, ya que allí donde se aplica este cambio legislativo es el presunto violador quien tiene ahora que probar que la persona (presunta víctima) había estado de acuerdo, había dicho «sí». Este cambio es radical respecto a la legislación anterior, que determina que solo hay violación cuando no hay consentimiento, y supone que la carga de la prueba la tiene la víctima. Esto no significa una gran diferencia en violaciones violentas, es decir, cuando hay violencia física expresa además de la violencia sexual. En cambio, es fundamental en las violaciones «no violentas», en las que al no haber violencia más allá de la sexual, es el presunto violador quien tiene que probar que el sexo ha sido consentido y consensuado. El cambio legislativo se debió a dos cosas: por un lado, a las declaraciones de mujeres famosas que confesaron haber sido violadas; y, por otro lado, al gran número de mujeres residentes en campus universitarios que acaban teniendo sexo con compañeros en contra de su voluntad. El cambio del «sí» es determinante en la denominación de *date rape** (uno tiene una cita y la persona con la que sale le viola, o cuando existe una relación romántica o sexual entre dos personas en el momento en el que ocurre el abuso sexual). No hay

---

   * La expresión inglesa *date rape* se utilizó por vez primera en el libro *Against Our Will. Men, Women and Rape*, escrito por la periodista, escritora y activista feminista Susan Brownmiller (véase <https://en.wikipedia.org/wiki/Date_rape>).

un término para *date rape* en España. ¿Podríamos llamarlo «cita con violación»?

La primera persona a la que se reconoció como víctima de un *date rape* en Estados Unidos fue Katie Koestner. La conocí el año pasado durante la representación de una obra de teatro sobre el tema en Nueva York. Katie cuenta la ilusión con la que sale con un compañero de universidad cuando está en el primer curso, cómo la lleva a cenar y ella toma la primera copa de vino de su vida; y luego el estudiante la acompaña al dormitorio y allí, en su cama, en la primera vez que tiene relaciones sexuales, Katie es violada. Katie Koestner ha contado cómo, en los días posteriores a la violación, él la llamaba para quedar como si no hubiera pasado nada, y Katie ha explicado que cuando llamó a su padre y le dijo que la habían violado, él, su propio padre, al saber que fue en el cuarto de ella, le colgó el teléfono.

Al no contar con apoyos en la familia, Katie intentó buscarlos en el ámbito público y contactó con los medios. Un retrato suyo, al lado de las palabras *date rape*, fue portada de la revista *Time* el 3 de junio de 1991, volumen 137, número 22.* En la información, *Time* escribía:

> Katie Kostner provocó una tormenta en los medios tras haber sido sexualmente agredida por un compañero de universidad al que jamás se persiguió legalmente. Katie dijo que eso había sido un *date rape*, una violación con cita [...] Y Katie Kostner habló de su caso de violación ocurrido en la universidad de Stanford, y afirmó que las víctimas de esta clase de ataque sexual son retraumatizadas por el tipo de preguntas que la gente les hace.

---

* Véase <http://content.time.com/time/magazine/0,9263,7601910
603,00.html>.

Violencia doméstica y violación familiar

En el año 2000, Estados Unidos era el segundo país, solo detrás de Sudáfrica, en número de violaciones por año, mientras que España ocupaba el séptimo lugar a nivel mundial en el ranking de los diez principales, lo cual era fácil imaginar dado el machismo que caracteriza a lo español.

Curiosamente, en España se habla poco de la violación. Aunque sea un hecho muy común, no se reconoce socialmente como un problema, mientras que la violencia doméstica, el otro problema del machismo, ya aparece en las campañas gubernamentales y sus víctimas suelen ser mencionadas en los periódicos. Sin embargo, sigue siendo interesante resaltar la importancia que tiene el entorno doméstico, no solo para la violencia sino también para la violación: en el Código Penal español hay un artículo legal específico para la violación cometida por hermanos, padres o parientes de la víctima. El Código Penal, título VIII: «Delitos contra la libertad e indemnidad sexuales», p. 65, capítulo I: «De las agresiones sexuales», artículo 180, 1), dice lo siguiente:

> Las anteriores conductas serán castigadas con las penas de prisión de cinco a diez años para las agresiones del artículo 178, y de doce a quince años para las del artículo 179, cuando concurra alguna de las siguientes circunstancias: [...] 4.ª Cuando, para la ejecución del delito, el responsable se haya prevalido de una relación de superioridad o parentesco, por ser ascendiente, descendiente o hermano, por naturaleza o adopción, o afines, con la víctima.

De nuevo, y esta vez con mucha rabia por lo que le pasó, tengo que hablar de mi amiga Celina. El año pasado, 2016, tras la muerte de su madre y hablando de la herencia familiar, por

primera vez Celina me confesó que uno de sus hermanos la
violó, que de hecho la estuvo violando durante catorce años,
entre los nueve y los veintitrés años. Todo lo que me contó esa
noche, en un bar de la Corredera Baja de San Pablo en Madrid, no se puede repetir aquí, es su tarea contarlo, es su historia. Pero quiero comentar que Celina, en un intento de prote-
ger a su madre y evitarle la tensión familiar, solo habló cuando
su madre ya había muerto.

Estuvimos hablando de su violación, de cómo fue y cómo
afectó a Celina en su modo de ser, a consecuencia de esas violaciones continuadas. Y hablamos de los problemas que tuvo
con su hermano en el reparto de la herencia, de cómo los mo-
delos de conducta se repiten; la falta de humanidad de su hermano al tratarla como un objeto para su disfrute, se repite al
no reconocer el valor de quien cuidó de su madre durante
años.

Celina habló con su hermano, el violador, cuando vio que,
encima, se lanzaba a por la herencia como una jauría de perros
a por un conejo, sin atender al hecho de que fue su otro hermano, el pequeño, quien había estado viviendo toda la vida
con su madre, para cuidarla. Me contó Celina que había quedado con su hermano, el violador, para decirle que le había
destrozado la vida:

Me armé de valor y le invité a cenar. Él pensaba que era
para hablar de la herencia y se sorprendió cuando le dije que
no era para eso sino para decirle que esas violaciones y ese
uso sexual que hizo de mí desde mis nueve años me habían
machacado la vida: mi vida sexual y mis relaciones a lo largo
de toda mi vida. Me había robado no solo mi virginidad
y mi inocencia sino mi derecho a descubrir la sexualidad por
mí misma y por ende, a mí misma. Yo no sabía si lo iba a
aceptar pero, afortunadamente para mí, sí que lo hizo. Se

quedó lívido. Enmudeció y según fui recordándole cómo me robó mi primer beso (taponándome la nariz para obligarme a abrir la boca) empezó a disculparse, a pedir que le perdonara, a darse cuenta de que no tenía derecho a pedirme nada, ni siquiera perdón. A partir de ahí, todo siguió como siempre: es decir como si nada hubiera pasado. Y siguió mintiendo en todo lo relativo a la herencia en su propio beneficio.

Un abogado de una asociación de mayores que fueron víctimas de abusos en la infancia me dijo que, como ya había prescrito el delito, yo podía contarlo «de viva voz», pero que, en cambio, no podía contarlo cinematográficamente o audiovisualmente ni en ningún otro soporte porque él podría denunciarme por difamación. Son hechos que no puedo demostrar.

Por varias razones, entre otras porque para mí aquella reunión con él suponía la primera vez en mi vida en la que me atrevía a hablar de cómo fui víctima de abusos y, además, se lo decía a mi violador, quien sabía perfectamente de lo que le estaba hablando, grabé toda la conversación.

El hecho de que en España los abusos sexuales a menores cometidos en la familia prescriban a los treinta años hace que mi amiga no pueda denunciar la violación aun en el caso de que lo quisiera hacer. Al día siguiente de escuchar su relato, le hice una tabla en Excel: la factura de una víctima de abusos. Celina no se la ha mandado a su hermano, ni pidió a la familia que la tuviera en cuenta a la hora de repartir la herencia. Pero este hombre tiene esta factura pendiente de por vida con su hermana Celina. Esta tabla es un modelo que puede servir de plantilla para pasar factura a los familiares por violación.

Uso como objeto sexual		
Disponibilidad para el disfrute	50 × día × 5.110 días (14 años)	255.500 €
Plus de virginidad		100.000 €
Plus de pedofilia	50 × día × 3.285 días (entre 9 y 18 años)	164.250 €
Actuación en contra de la voluntad		
Primer uso de fuerza		100.000 €
Mecanismos de control y dependencia	50 × día × 5.110 días (14 años)	255.000 €
Daños en la integridad		
Daño persistente contra la estima	20 × día × 5.110 días (14 años)	102.200 €
Problemas de inseguridad y miedo	20 × día × 5.110 días (14 años)	102.200 €
Rechazo de la maternidad		100.000 €
Incapacidad de amor sexual		100.000 €
Total		**1.279.150 €**

La herencia, factura de un abuso, 9 de marzo de 2016, Madrid.

Las mujeres también violan

La primera vez que, en un taller de arquitectura y teatro en Copenhague, un estudiante de unos veinte años me dijo que no podía decir su parte del diálogo porque implicaba que su compañera le violaba a él, yo le respondí: «¿Tú crees que necesitas un pene para violar, no te has planteado que sea forzarte a tener sexo cuando no quieres? Puede ser que haya abuso sexual porque la persona sea mayor o tenga, de alguna manera, poder sobre ti».

La violación parece entenderse, por su definición general, que sea un acto cometido por un hombre a una mujer (acceso carnal por vía vaginal, anal o bucal) o de un hombre a otro hombre, pero no de una mujer a otra mujer o a un hombre (habla de la introducción de objetos). Sin embargo, las mujeres también violan (si fuerzan al acto sexual), y esa es una práctica que está penalizada en Estados Unidos. «Una mujer de 28 años, tras declararse culpable de entrar en el apartamento de un hombre en Seattle y violarle mientras dormía, cumplirá una sentencia de nueve meses de cárcel.»*

Un artículo de Raquel Márquez sobre las mujeres que violan a los hombres es de lo poco que he podido encontrar sobre el tema.** De los varios nuevos estudios que nombra su texto ninguno proviene de España. De hecho todos ellos proceden de Estados Unidos, lo que da a entender que en España no se condena y ni se plantea la violación de un hombre por una mujer. En Estados Unidos se estudia y se condena la violación de un hombre por una mujer aunque con mucha menos severidad: por ejemplo, en el caso de la mujer de 28 años que entró en el apartamento de un hombre y lo violó mientras dormía, su sentencia fue de nueve meses de cárcel y dos años de condicional así como obligado registro como agresor sexual.

NUEVA YORK = LO NUEVO DE NUEVA YORK, LA RENOVACIÓN
DE NUEVA YORK ES LA INMOBILIARIA

En 2017, justo al mismo tiempo que el libro *Rape New York* va a ser publicado en español, y mientras escribo el epílogo para esta edición, estoy investigando las conexiones entre la Direc-

---

* Véase <http://fox4kc.com/2015/05/17/woman-convicted-of-breaking-into-apartment-raping-man-headed-to-prison>.
** Véase <http://www.elconfidencial.com/alma-corazon-vida/2016-12-03/violadoras-acosadoras-criminales-sexuales-femeninas_1296951>.

ción de Conservación y Desarrollo de la Vivienda y el Ayuntamiento de la ciudad, con las inmobiliarias.

Esta vez la corrupción especulativa funciona de manera diferente a la que describo en *Rape New York*, ya que la escala es
ahora mucho mayor, pues las actuaciones no son llevadas a cabo
por individuos sino desde el gobierno municipal en coalición
con la empresa privada y a través de políticas urbanísticas. Sin
embargo, tiene en común con las prácticas anteriores el hecho
de que afecta a la vida cotidiana de las personas y a sus casas.

¿Quién hace las políticas urbanísticas en Nueva York? En
la actualidad la firma HR&A Advisors controla los planes de
desarrollo urbanístico y el uso del espacio público. Muchos
de los socios y antiguos empleados de HR&A Advisors ocupan
cargos de importancia en el gobierno de la ciudad, precisamente en los departamentos de Vivienda y Urbanismo: María
Torres Springer lleva la Dirección de Conservación y Desarrollo de la Vivienda de la ciudad de Nueva York. Casual-
mente, es, además, la esposa de Jaime Torres Springer, socio
de HR&A Advisors. Como director del Departamento de Planificación figura Carl Weisbrod, quien empezó a trabajar en
2014 en el Ayuntamiento y en 2017 ha vuelto a ser empleado
de HR&A Advisors. En el puesto de presidente de la Autoridad de la Vivienda de la ciudad de Nueva York encontramos a
Shola Olatoye, quien fue empleada durante seis años de HR&A
Advisors.

La firma de consultoría HR&A Advisors gobierna Nueva
York y tiene raíces e influencias de dimensiones escandalosas
en la ciudad. Esta consultoría privada tiene un contrato de ex-
clusividad con el Ayuntamiento para asesorarlo en temas mu-
nicipales tan dispares como el transporte, los parques o la vivienda subsidiada* y gracias a eso mueve los hilos del poder.

* Véase <http://www.politico.com/states/new-york/city-hall/

¿Quién firmó con ellos este contrato? El alcalde Bill de Blasio, quien le concedió a esa asesoría la exclusiva. ¿Por qué? A eso no sé qué responder.

HR&A Advisors ha ido introduciendo a sus empleados como miembros del patronato de entidades sin ánimo de lucro y de los *think tanks* nominalmente independientes. Y los usa para escribir informes que respaldan los intereses de esa empresa privada. La firma utilizó al Center for Urban Future para que cambiase la percepción social sobre las bibliotecas hasta el extremo de favorecer la idea de la desaparición de las bibliotecas públicas. Un ejemplo de lo que digo lo encontramos en los artículos: «A Creative Solution to City Libraries» y «Reenvisioning New York Branch Libraries».* En el contexto de Nueva York, The Center for Urban Future aparece como una organización progresista y políticamente demócrata, pero vemos cómo respalda la demolición de bibliotecas y su transformación en edificios mixtos donde se reduce el espacio de la biblioteca al primer piso y permite así convertir el resto en apartamentos de lujo. John H. Alschuler, presidente de HR&A Advisors, forma parte del patronato del Center for Urban Future. Jamie Torres Springer, socio de HR&A Advisors, está infiltrado en asociaciones vecinales, por ejemplo a través del Fifth Avenue Committee, pudo ejercer presión para conseguir la demolición de varias bibliotecas de Brooklyn. Él es el promotor vinculado a la venta en secreto y sin opción pública abierta de la biblioteca de Sunset Park, y ahora mismo está detrás de la venta de la biblioteca de Brooklyn Heights. Por eso le llaman Library-Shrinking Developer, el

---

story/2016/03/despite-rhetoric-de-blasio-continues-heavy-reliance-on-private-consultants-032852>.

    * Véase <https://nycfuture.org/research/re-envisioning-new-yorks-branch-libraries>.

promotor que encoje las bibliotecas, porque las reduce de un edificio entero a solo un piso. Jaime Torres Springer no está solo en ese trabajo de reconversión de las bibliotecas; también le ayuda Alicia Glen, alcalde en funciones para el Desarrollo, quien dirige el Departamento de Fomento del Desarrollo Económico de la ciudad de Nueva York, y es la encargada de firmar la aprobación del plan de desarrollo de la ciudad y por tanto de las bibliotecas, parques, etcétera.

Ellos mismos se definen como «la familia». Alicia Glen citó el término «familia» en el nombramiento de la esposa de Jamie, María Torres Springer. En una entrevista declaró: «Siempre tienes que buscar primero en la familia, y hay gente fabulosa en la familia [...]».*

¿Cuáles son para Nueva York y sus residentes las consecuencias de que la ciudad esté gobernada por «la familia»? Para empezar, la pérdida del espacio público. Las bibliotecas, colegios e iglesias se convierten en viviendas de lujo y ya hay intentos de convertir los parques públicos en estadios de fútbol.

El siguiente paso, tal y como pasó en los noventa con Times Square y está pasando ahora en Chinatown, es la pérdida de identidad de los barrios. En ambas rezonificaciones está metido Carl Weisbrod. En los últimos cuatro años, solo en Chinatown se han perdido 15.000 apartamentos que eran hasta ahora de alquiler. Con el cambio de legislación se permite construir hasta cuarenta pisos de altura en lugar de cinco. Así se multiplica el valor del suelo, lo que hace que los caseros encuentren incentivos para vender sus edificios a las promotoras. Para esto tienen que echar a sus inquilinos, la mayoría de renta estabilizada. Cientos de tiendas de comida, de curiosidades,

---

* Véase <http://www.politico.com/states/new-york/city-hall/story/2017/01/de-blasios-housing-commissioner-steps-down-for-private-sector-work-108775>.

pequeñas imprentas o talleres están siendo desalojados de los locales que ocupaban, y que ahora están siendo reconvertidos en boutiques y galerías de arte. La construcción de nuevos rascacielos de cuarenta pisos afecta a las zonas comerciales y en última instancia acabará borrando del mapa el barrio de Chinatown tal como se le conoce ahora: caótico y bello. De hecho, el argumento para justificar esta operación ha sido que Chinatown es un barrio desordenado y huele mal. Sin embargo, aquí lo que huele mal son las relaciones entre el Ayuntamiento y las promotoras. Carl Weisbrod fue empleado de HR&A Advisors hasta 2014. Luego fue contratado como jefe del Departamento de Planificación por De Blasio, hasta que en marzo de 2017 regresó a trabajar para HR&A Advisors.

Curiosamente no empecé esta investigación sobre HR&A Advisors porque me interesen estos proyectos de rezonificación, aunque de hecho sí me interesan, sino por una necesidad personal inmediata, ya que los nuevos planes regulatorios del Ayuntamiento me afectan como propietaria de una vivienda cooperativa subsidiada.

El Ayuntamiento controla la adjudicación de obras y la contratación municipal que llevan a cabo los servicios públicos para garantizar una vivienda asequible, un sector que incluye el trabajo de las pequeñas constructoras que hacen rehabilitaciones de edificios de vivienda social. Hay precedentes de irregularidades en la contratación. La aparente corrupción en la gestión de permisos, contratos y rehabilitación de la vivienda social y subsidiada trae consigo la pérdida del espacio privado. Wendell Walters está en la cárcel por aceptar sobornos de las constructoras.* Es difícil entender que haya un solo implicado.

---

* Véase <http://www.nydailynews.com/new-york/ex-housing-official-3-years-prison-bribes-article-1.2397545>.

La Dirección de Conservación y Desarrollo de la Vivienda de la ciudad de Nueva York ahora mismo intenta conseguir que se apruebe una legislación que, entre otras cosas, obligaría a las cooperativas subsidiadas a elegir a los administradores de fincas entre los nombres que aparecen en el listado propuesto por ese organismo. En la vivienda subsidiada, si hay una deuda de más de 3.000 dólares por vivienda, el edificio pasa automáticamente a ser propiedad de la ciudad. Teniendo el control administrativo y el acceso a las finanzas de los edificios, sería fácil manipular los libros, crear errores y olvidar pagos, para favorecer que la deuda total del edificio supere el tope legal que se pretende establecer. Los residentes y dueños pierden su edificio y son expropiados. Es lo que se llama *to grab* (apropiación de propiedad por métodos dudosos). El Ayuntamiento, mediante su nueva legislación, abre la puerta a prácticas predatorias sobre esos edificios situados en zonas como Harlem, actualmente muy codiciadas. Yo vivo en una cooperativa de Harlem.

Laura Jacobs, una escritora a quien acabo de conocer gracias al grupo de activismo en contra de la apropiación de Harlem, comentando la argumentación de un empleado de la Dirección de la Vivienda de Nueva York, «si no te gusta, vete», me dice: «Esta es la frase exacta que te dijo tu casero, lo cual hace que me pregunte ¿estás percibiendo esta propuesta del alcalde De Blasio como otra forma de violación? No puedo expresar la rabia que despertó en mí». Sigue Laura: «Leí tu libro ayer por la noche y no pude parar hasta que lo acabé». Este es el mismo comentario que recibí de la que fue durante un tiempo mi compañera de piso, Berta Cuso: «Acabo de leerlo, de una sentada. No sé cuántas horas llevo leyendo, no me podía levantar...». Tanto Laura como Berta, una americana, otra española; una de sesenta años y otra de veinte, coinciden en lo mismo. Me dice Berta: «Es impresionante cómo puedes escribir de una forma tan personal e íntima y a la vez tan analítica y como a gran escala. Nunca antes tuve esta sensación de estar leyendo algo intensamente interesante y que a la vez me hace llorar y me corta el estómago y me paraliza...». Me dice Laura: «Es tan preciso y poderoso, claro y metódico. Es como un trabajo de detective, pero de tipo intelectual y filosófico. Y es muy inquietante y perturbador, la forma en que lo micro —la violencia contra ti, tu cuerpo, tu hogar— es una expresión de lo macro, las reglas despiadadas del poder de las promotoras inmobiliarias en la ciudad de Nueva York».

Escribir es para mí, más que nada, una forma de hablar de una manera en la que nunca se hablaría en una conversación. El libro, al ser un objeto, permite hacer la confesión sin cargar el peso en la persona, pues es un texto y, por tanto, crea una relación con la ligereza del que lee una historia. Eso hace que alguien cercano a mí pueda hacer comentarios como si fuera un tercero. Pues en realidad es un lector. En última instancia, no soy una escritora sino una artista; el núcleo de mi arte está en la relación y el libro es una pieza, el vehículo del contacto anónimo e intenso entre desconocidos, y mi trabajo trata de crear una experiencia en el que lo mira o lo lee.

Cuando escribí este libro, quise transmitir al lector, al apremiarle a leer sin parar, la necesidad apremiante que yo tenía de seguir viviendo. Intenté meterme en el lector de la misma manera que un intruso se metió en mi cuerpo.

AGRADECIMIENTOS

Me gustaría darle las gracias a Rajneesh Jhawar quien, sin conocerme, hizo una generosa contribución para cubrir los gastos de ayuda a la edición para la versión inglesa de este libro. Agradezco a mis amigos su colaboración como lectores y editores: a Adeola Enigbokan, por su entusiasta intercambio de ideas; a Gearoid Dolan, por su inquebrantable apoyo; a Gabriel Park, por sus sugerencias, y a Keith McDermott, por su dedicación en el trabajo sobre el texto. Le debo un especial agradecimiento a Simon Lund, quien, siendo mi pareja, y a pesar de su malestar por el episodio que me llevó a escribir este libro, me ofreció su ayuda.

Gracias a Book Works, por ser los primeros en publicar este libro, y especialmente a Jane Rolo, por saber entender mi voz, y a Gavin Everall por su trabajo editorial, que le otorgó fluidez y exactitud a mi texto. Le doy las gracias a Amy Scholder por arriesgarse a publicar *Rape New York* en Estados Unidos y a todo el equipo de Feminist Press por su apoyo a este libro; especialmente a Jennifer Baumgardner, su actual directora editorial, y a Jisu Kim y Sessi Blanchard por su trabajo de promoción.

Gracias a Beatriz Lucas, mi compañera de esgrima y periodista cuyo entusiasmo contagió a su colega a leer mi libro. Gracias a Patricia Rafael por la entrevista que publicó en

Broadly titulada: «La historia de una violación y la lucha porque deje de ser tabú» y por contactar a varios editores para ofrecerles mi libro. Uno de ellos, Enrique Murillo, el editor de Lince, está a cargo de la presente publicación, y le doy las gracias por su cercanía en el proceso de edición de este libro en español. Agradezco a mi hermana, Isabel Leo de Blas, la ayuda con la gramática en la versión española.

Doy las gracias a Barbara Adams por la devoción que ha mostrado hacia este trabajo, refiriendo el texto a otros. Gracias también a Terry Williams por recomendar el libro a sus alumnos y apoyar la tesis de este libro públicamente. Gracias a Elizabeth Bullock por haber mantenido conmigo una discusión tan animada que fue más allá incluso de los asuntos que el libro trata y acabó revisando en general nuestras desavenencias con la sociedad en la que vivimos. Gracias a Patrice DiChristina, una becaria que me ayudó mucho cuando traté de publicar una versión visual de este libro. Gracias, Benjamin Tischer, por apoyar mi trabajo durante tantos años y a Risa Needleman codirectora de Invisible Exports, la galería de ambos, en la que han expuesto obra relacionada con *Violación Nueva York*.

Me gustaría aprovechar la ocasión para dar también las gracias a todos aquellos que me ofrecieron su comprensión y apoyo tras la violación y en los años posteriores. Daniel Borrego Cubero me ofreció su casa justo después de la agresión. Celina Alvarado y Petros Babasikas son dos buenos amigos que me ayudaron con la mudanza. Leslie Blumberg me acogió durante meses y su amistad es inestimable. Mi hermana siempre estuvo presente en momentos de crisis y dudas. Ángel Borrego Cubero me guió con su pensamiento claro, justo después de la violación, y lo ha seguido haciendo a lo largo de los años con su amistad. También me gustaría darles las gracias a los profesionales que me ayudaron. Danette Wilson Gonzá lez, mi terapeuta, que me dio apoyo emocional y práctico a largo plazo. Sin mi abogada, Madeline Lee Bryer, mi encuentro con el sistema judicial no habría sido más que una segunda experiencia traumática. Y finalmente doy las gracias al inspector Alan Sandomir, de la Unidad de Víctimas Especiales, y a Martha Bashford, procuradora de los tribunales, condado de Nueva York, fiscalía del distrito. Sin ellos, mi agresor no habría sido sentenciado.

NOTA DE LA AUTORA SOBRE LA TRADUCCIÓN DE ALGUNOS TÉRMINOS DEL INGLÉS

SUPERINTENDENT
He traducido la palabra *superintendent* (en hispano *el super*) como portero, aunque el portero de España y el *superintendent* o encargado son dos figuras que corresponden a dos realidades diferentes; ambos viven en el edificio y están al tanto de lo que pasa en él, pero el portero no hace tareas de mantenimiento en la escalera y los pisos, mientras que el *superintendent* sí las hace. Esta diferencia se debe a que en España muchos edificios pertenecen a distintos propietarios, mientras que en Estado Unidos es muy común que un solo casero sea el dueño de todo el edificio y tenga a una persona encargada tanto del correo, como de los pequeños arreglos. No hay que confundir portero con *doorman*, ya que el *doorman* literalmente abre la puerta y el super no lo hace.

COLD CASE
He traducido *cold case* como *un caso frío*. La expresión se refiere a un caso que permaneció sin resolver pero cuyo expediente quedó cerrado. Hay una antigua serie norteamericana de televisión, *Cold case*, que en España se titula "Caso abierto" y en América Latina "Caso cerrado". He preferido usar una traducción literal, para significar que se trata de un caso sin resolver.

SINGLE FAMILY HOME
He traducido como vivienda unifamiliar aunque no tiene equivalente exacto, podría ser un chalé. Aunque esta traducción tampoco es exacta pues la realidad de la vivienda residencial como única casa no es la misma que el chalé, que se usa como segunda residencia.

HOMELESS

En inglés *homeless* se utiliza para definir a alguien que no tiene casa, sin embargo es una palabra que implica una condición mental y no solo de espacio.

He traducido como *sin techo* cuando se refiere a los que no tienen un lugar para vivir. Como *sin hogar* a los que no tienen arraigamiento y como *vagabundo* cuando uno no tiene un sitio estable y puede que viva en la calle.

El hecho de que las condiciones físicas y mentales se den a la vez no quiere decir que haya que confundir lo que esta palabra significa ni que *homeless* se pueda usar de forma indiscriminada. En inglés debería nombrarse *houseless* al que no tiene techo, ni habitación, ni casa. Uno puede tener un techo y aun así ser un sin hogar, sin raíces. Esta falta de precisión se refiere a la imposibilidad de separar entre una dotación del espacio y un estado mental.

Por otro lado *homeless* es una definición por negación. En inglés ciertas palabras que no tienen un término específico se nombran por su ausencia, basta con poner el sufijo *less* que significa «sin» detrás de la palabra.

En español, *vagabundo* es una persona que va de aquí para allá sin tener una dirección, programa o plan claro. Ser un vagabundo tiene una connotación negativa pero también positiva: estar libre de obligaciones y responsabilidades, viajar ligero, ser libre. Hay tristeza en el uso de *less* (sin) en *homeless*, a veces no tener un hogar es bueno, apegarse a él es precisamente el problema. Los diccionarios en inglés ya incluyen la palabra *homefree*, pero le dan otro sentido, el de alguien que ya ha hecho la parte más difícil de sus tareas.

Además, la palabra *homeless* define a una persona no por lo que es (una condición existencial, una cualidad), sino por lo que no tiene. Uno es lo que uno tiene, y si uno no lo tiene, entonces uno no es.

En inglés el uso de la palabra sin hogar es incorrecto y necesita ser modificado, las opciones son: *houseless* o *homefree*.

Para la composición del texto
se han utilizado tipos de la familia Janson,
a cuerpo 11. Esta fuente, caracterizada por su
claridad, belleza intrínseca y vigor, fue bautizada
con el nombre del holandés Anton Janson,
aunque en realidad fue tallada por el
húngaro Nicholas Kis en 1690.

Este libro fue impreso y encuadernado para Lince
por Novoprint en septiembre de 2017 en Barcelona.

Impreso en España / Printed in Spain

· ALIOS · VIDI ·
· VENTOS · ALIASQVE ·
· PROCELLAS ·